I0394353

La natura è uno dei temi fondamentali della poesia fotografica di Hannibal: ma mai come in questo libro possiamo toccare con mano la potenza.

Le cascate di questa pubblicazione sembrano opere d'arte scolpite dall'uomo, e sprigionano tutta la loro bellezza scatto dopo scatto.

Difficile non rimanere estasiati dal carisma sprigionato in ogni pagina di questo libro, impossibile non applaudire in modo forte e convincente per la sapiente scelta delle inquadrature che "bucano" letteralmente la carta per portarci nel fantastico mondo di Hannibal, dove ogni foro è pura magia...

Fabio Rancati

Nature is one of the fundamental themes of Hannibal's photographic poetry: but never as in this book can we touch the power.

The waterfalls of this publication look like works of art sculpted by man, and emanate all their beauty, shot by shot.

Difficult not to be enraptured by the charisma that emanates in every page of this book, impossible not to applaud in a strong and convincing way for the skilful choice of shots that literally "pierce" the paper to take us into the fantastic world of Hannibal, where every hole is pure magic...

Fabio Rancati

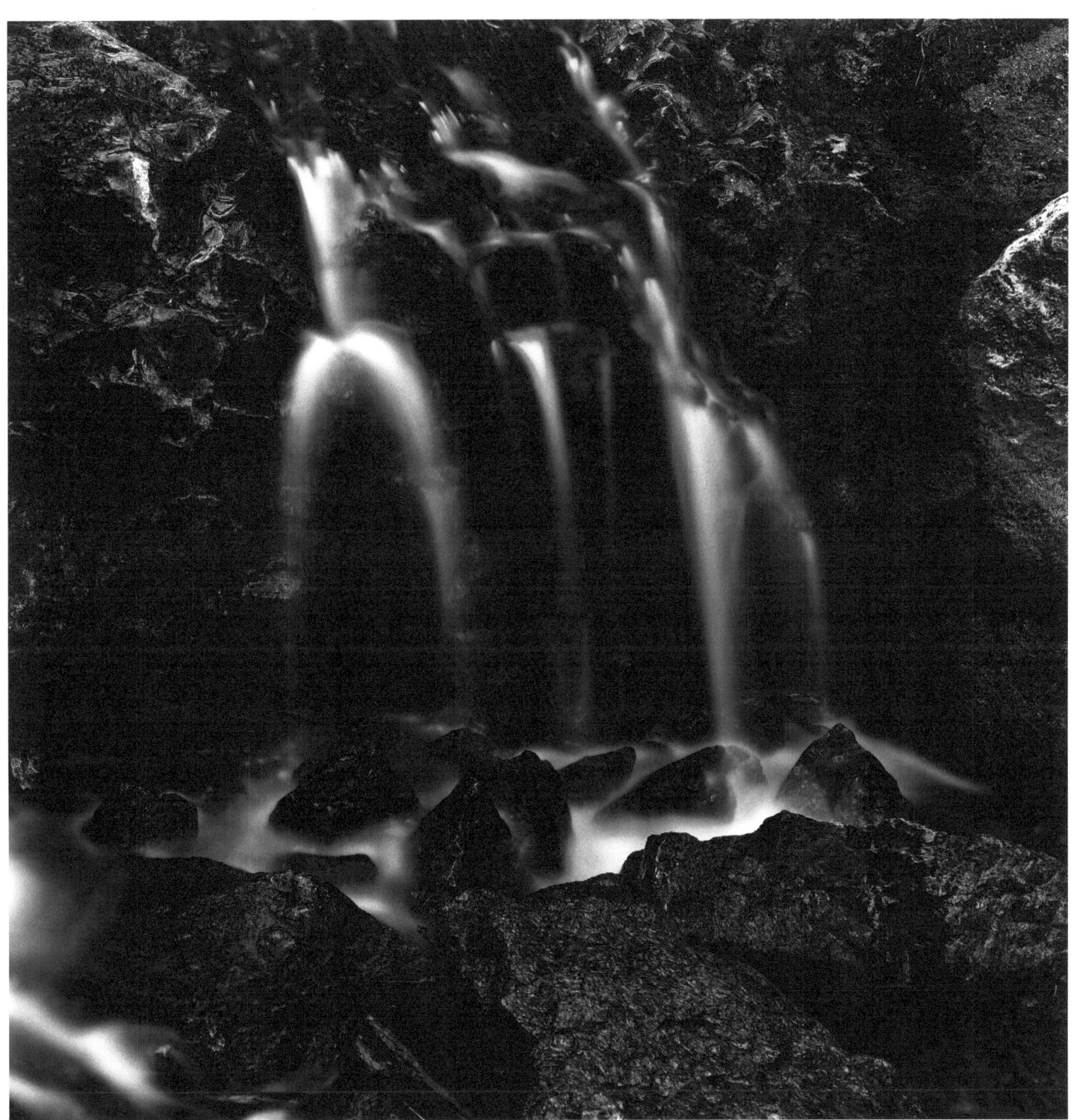

San Michele Torrent - Campione - Garda Lake

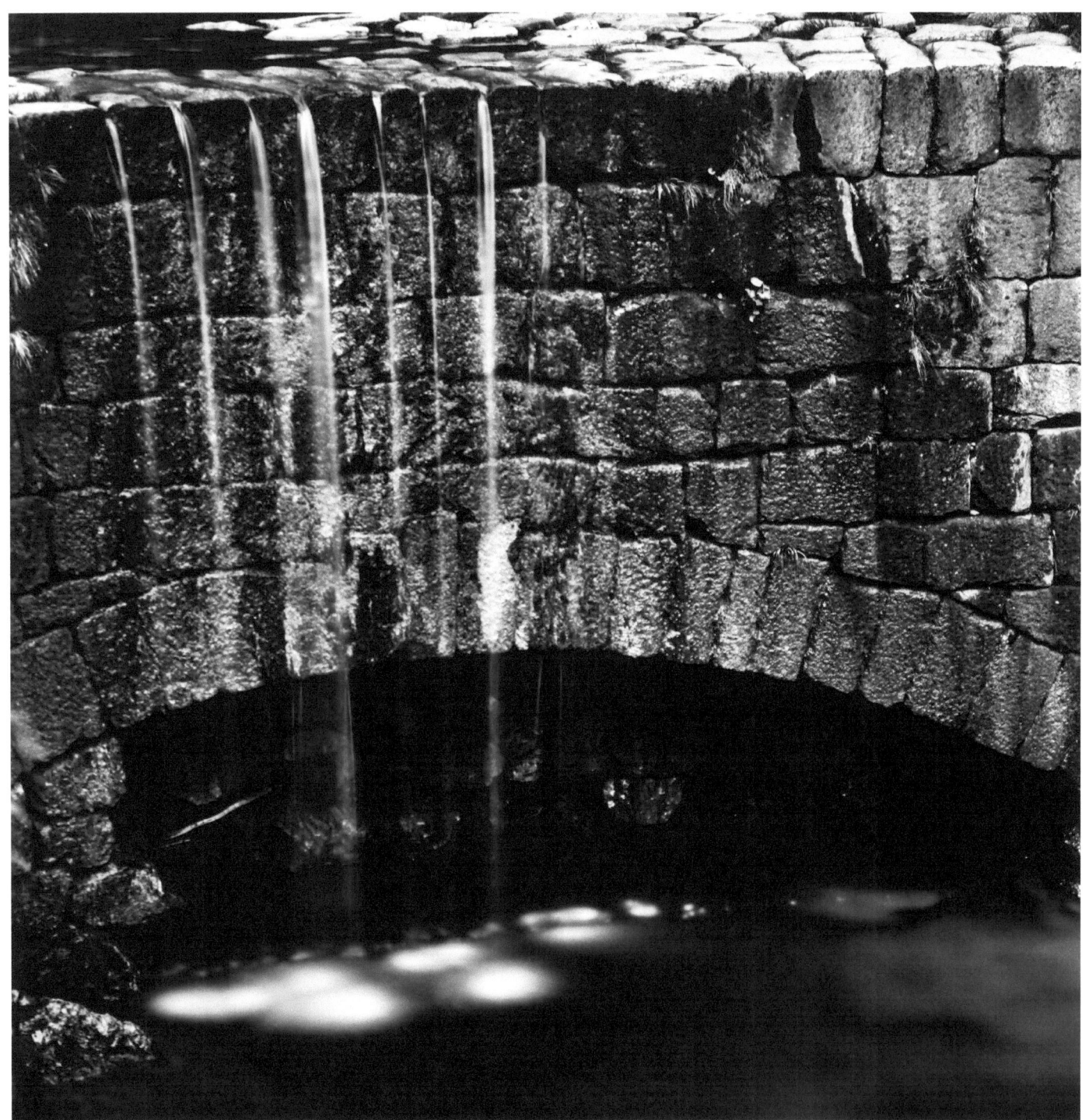

Storo

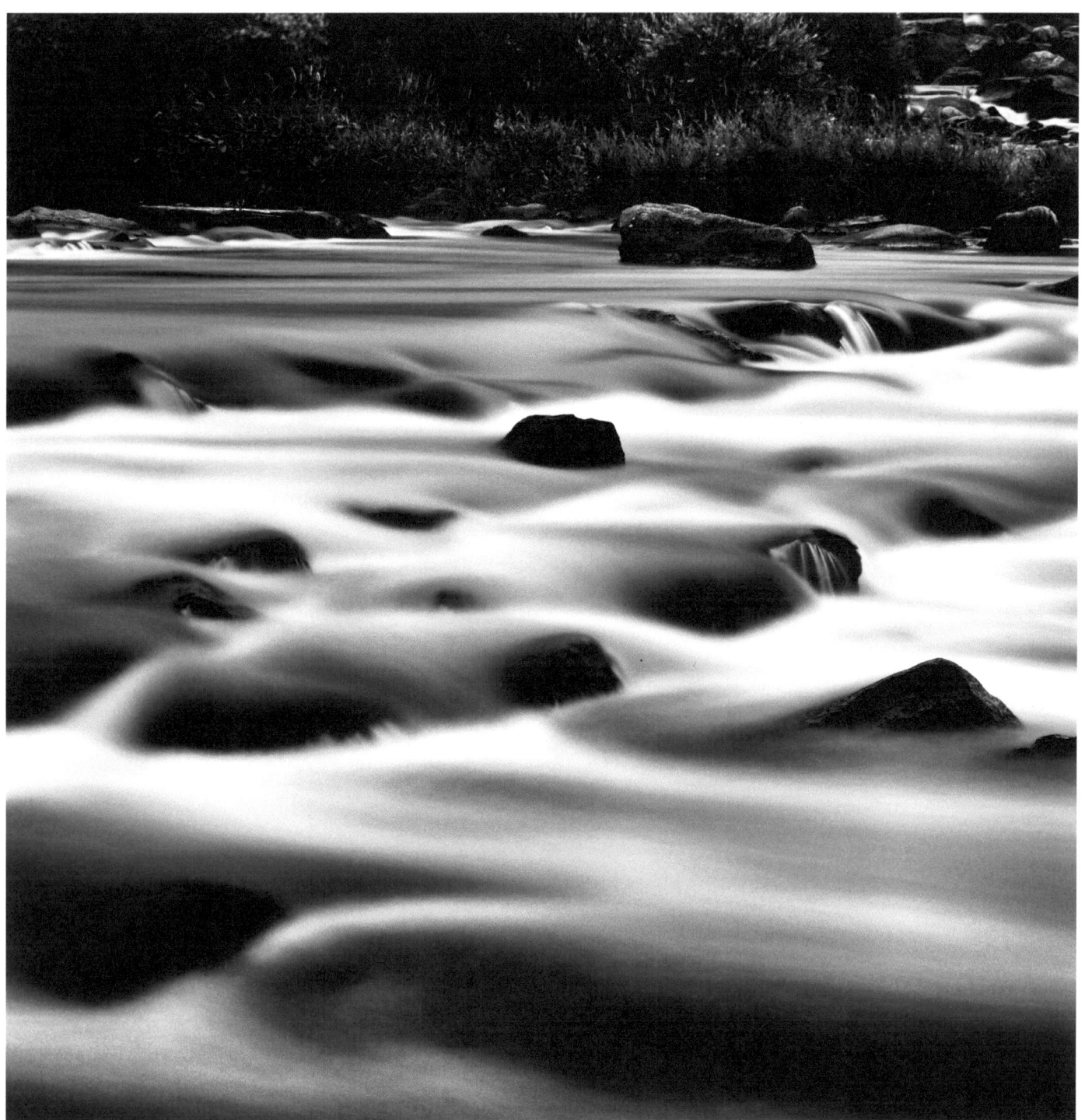

Avisio Torrent

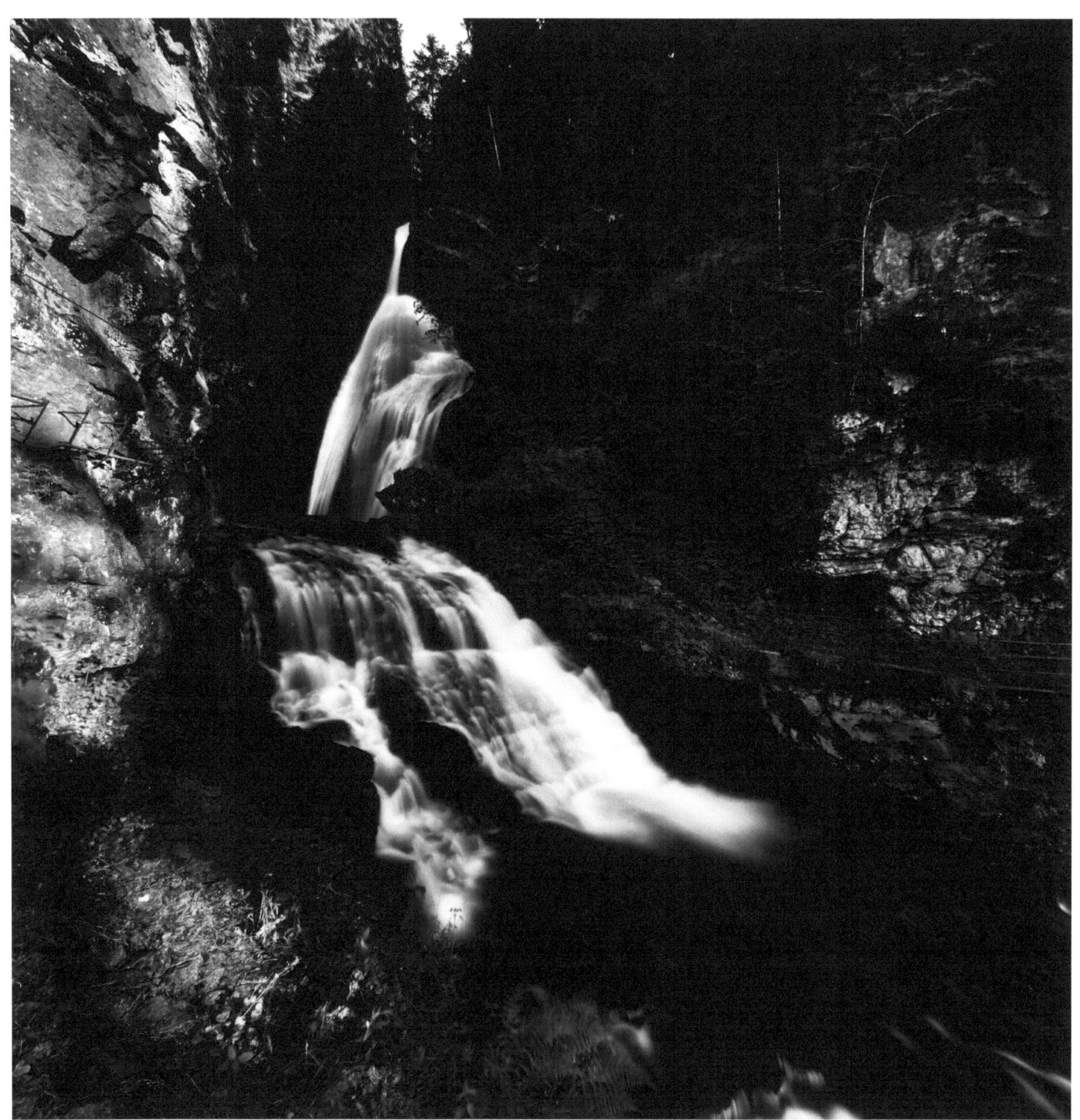

Cavalese - Avisio Torrent

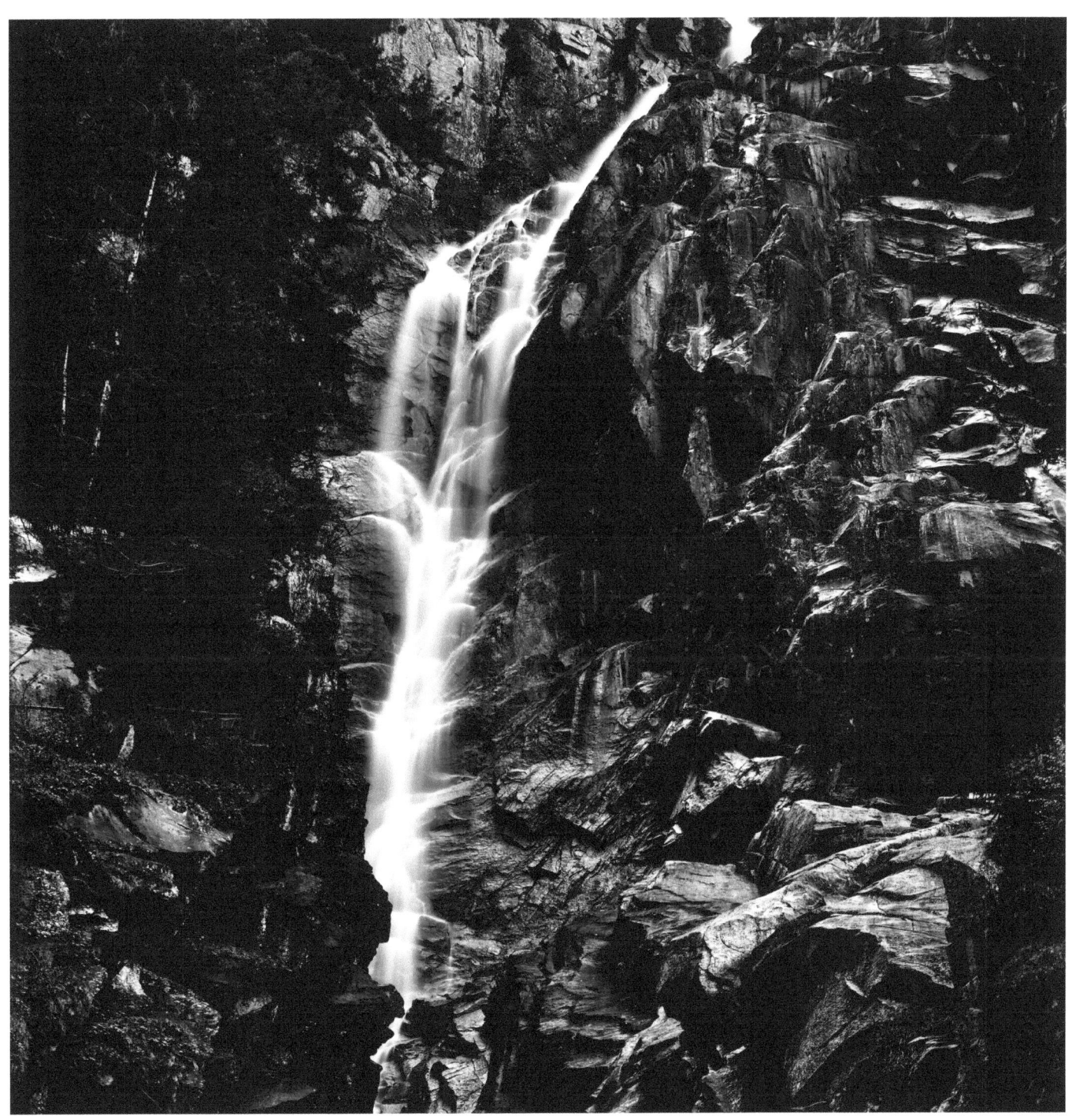

Leno Torrent - Malga Boazzo

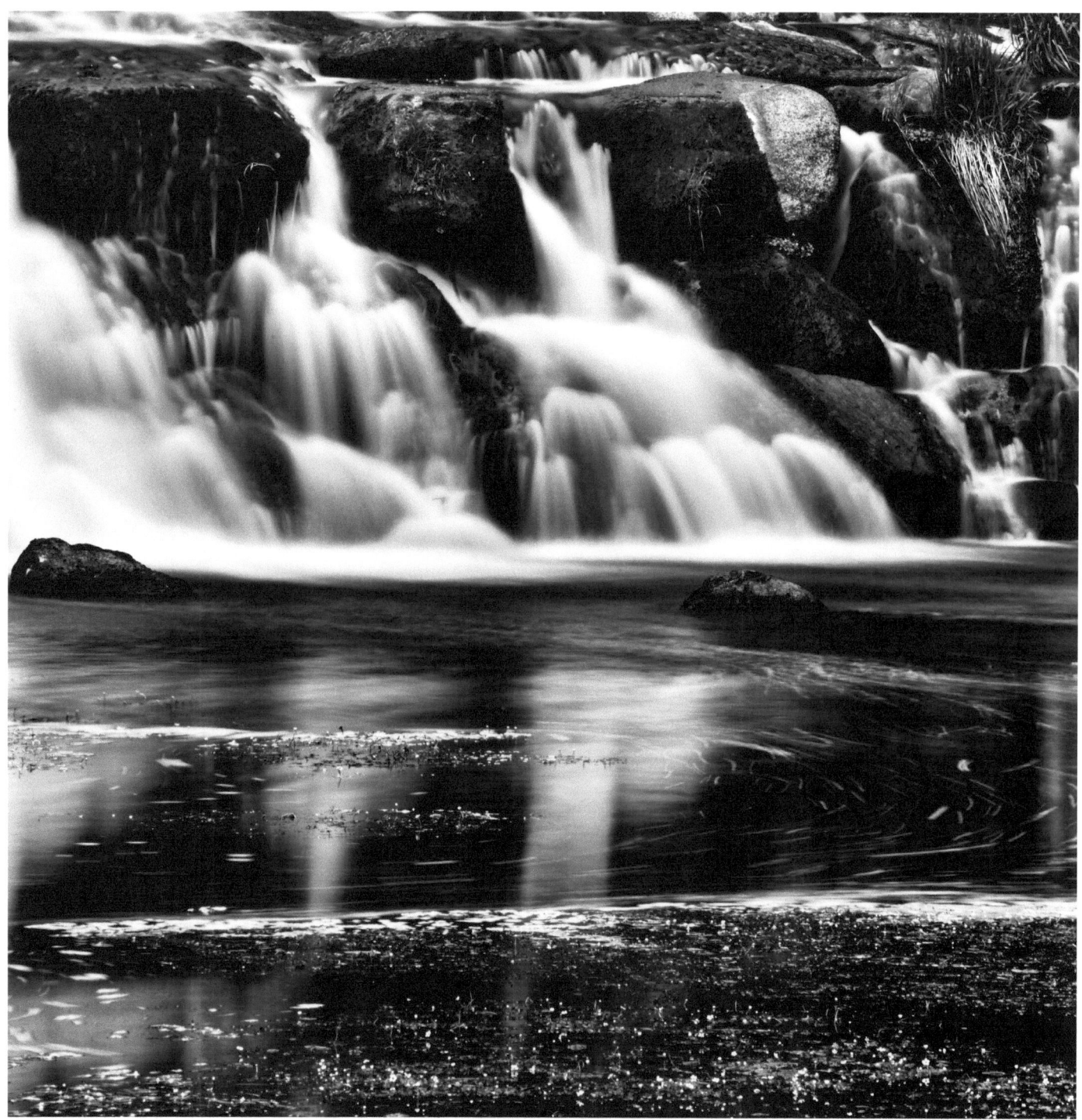

Chiese River

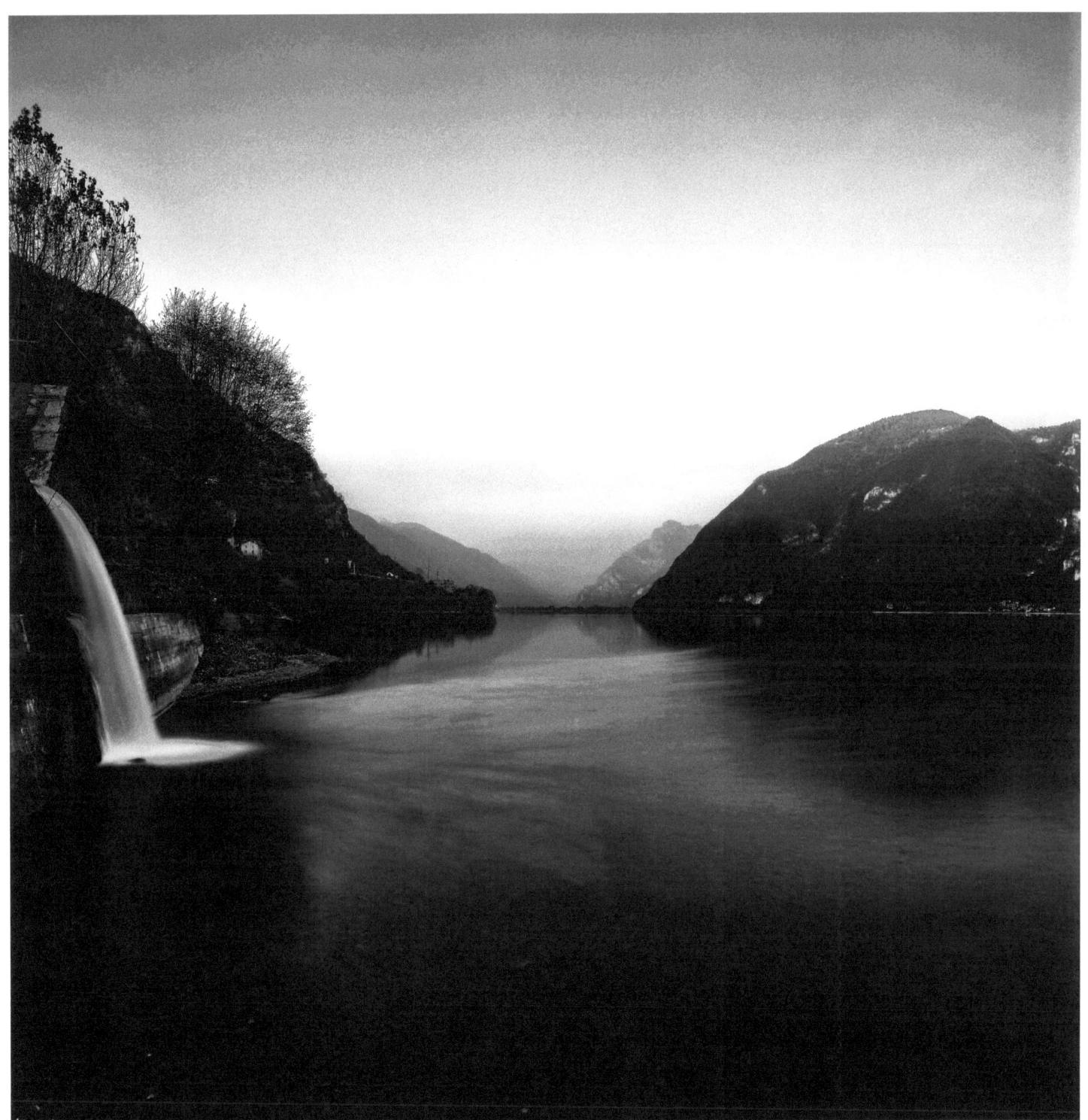

Anfo - Idro Lake

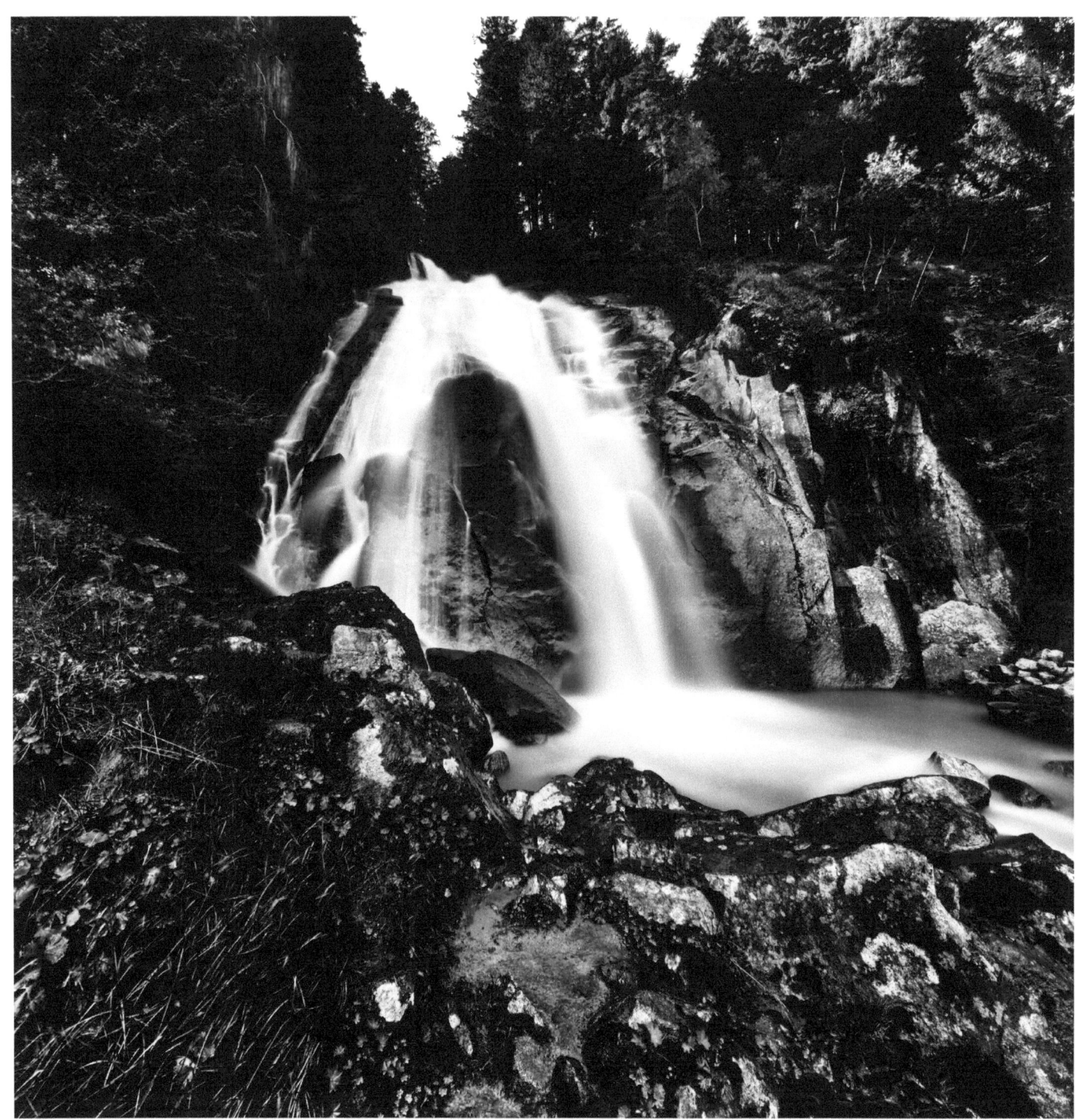

Amola - Val Nambrone

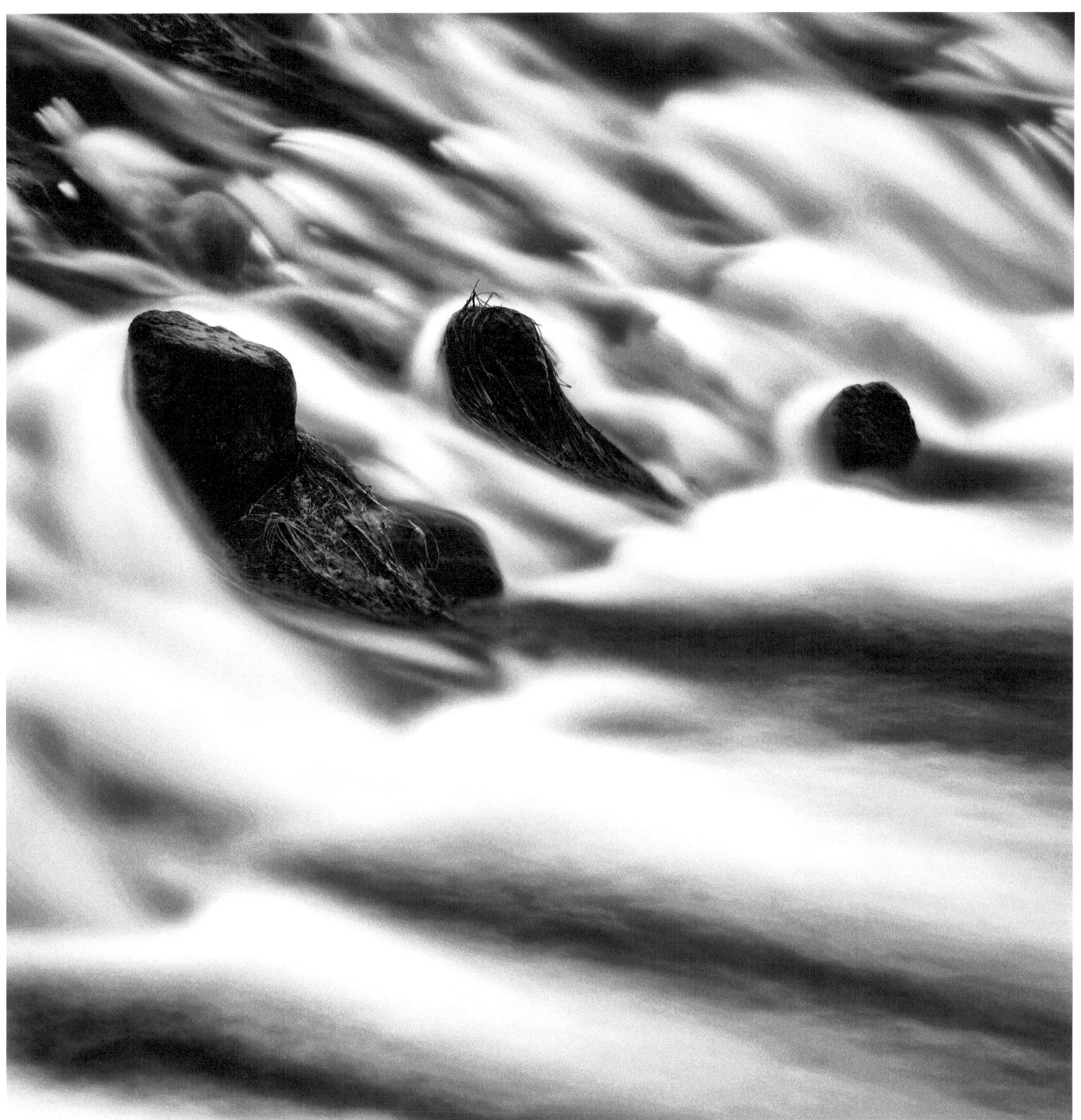

Valeggio - Mincio River

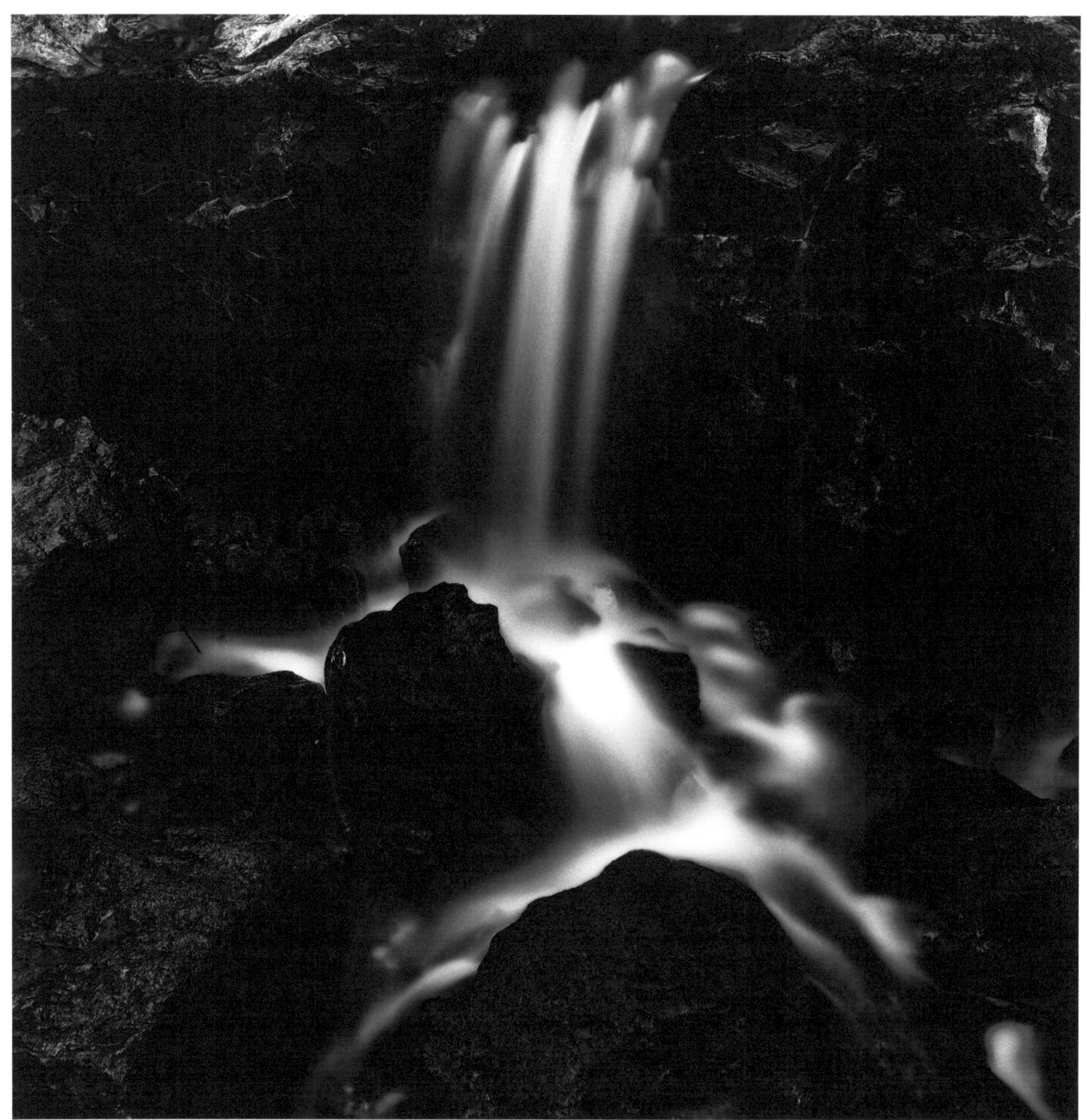

San Michele Torrent - Campione - Garda Lake

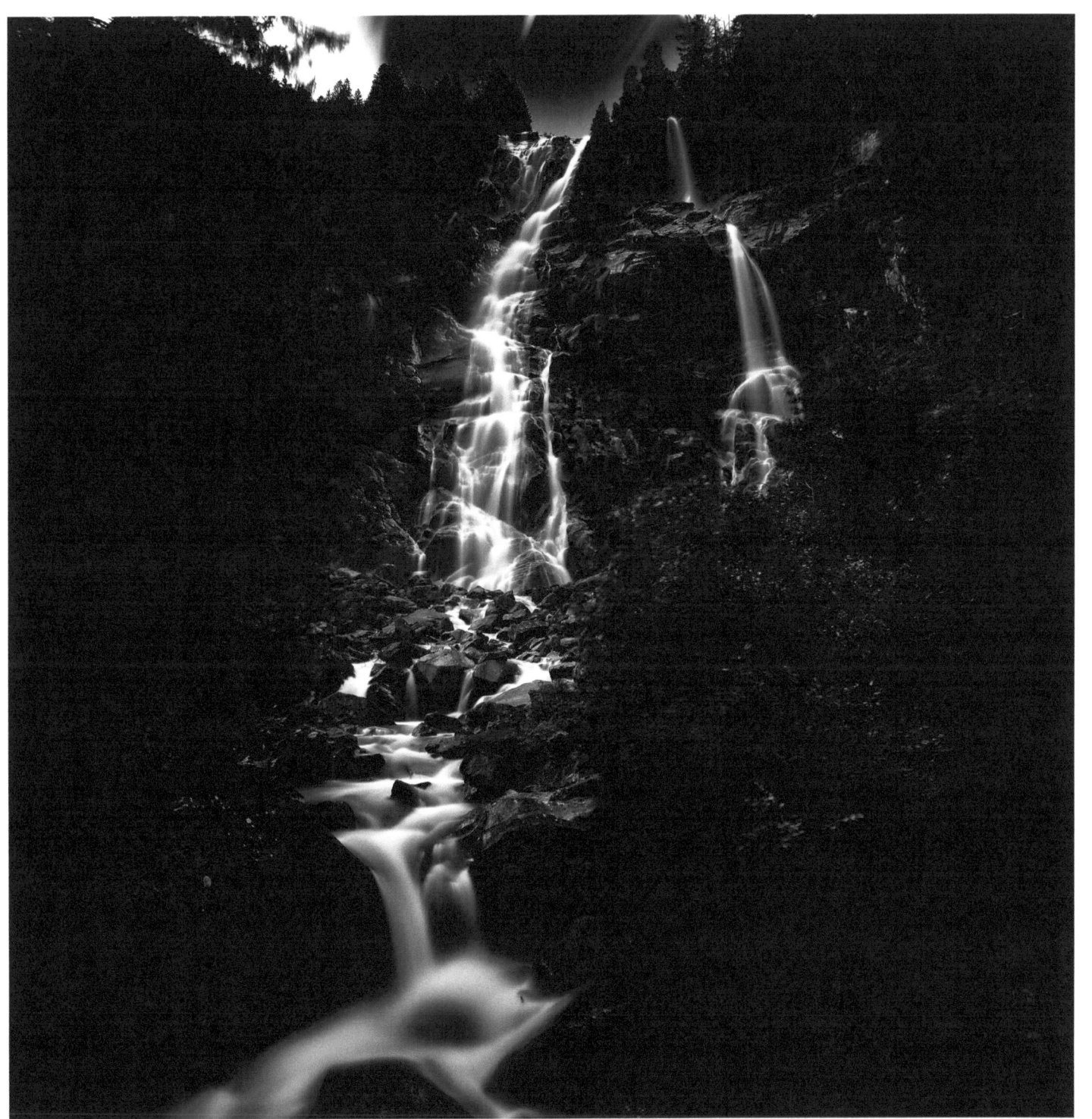

Nardis - Val Genova

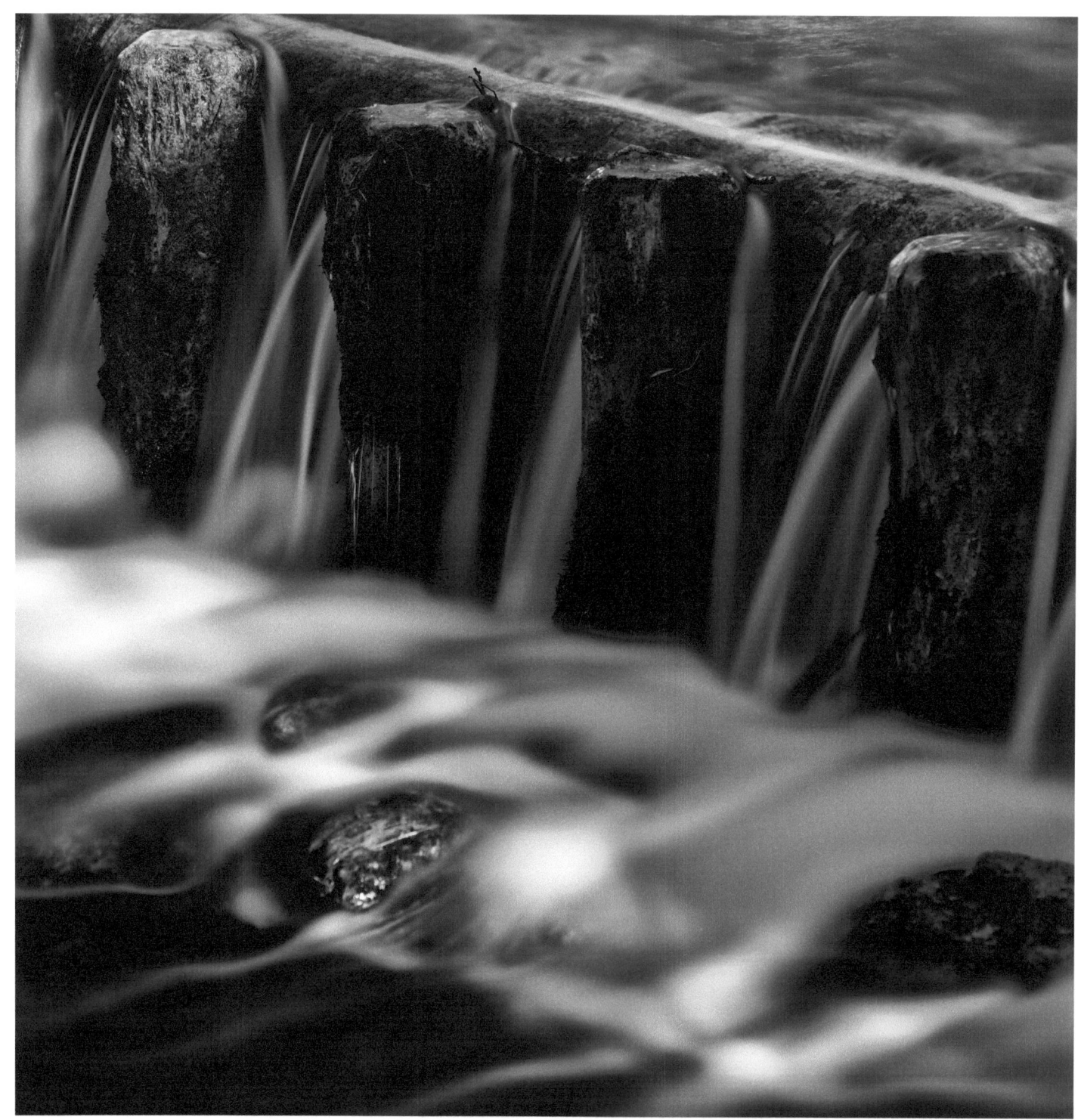

Dobbiaco Lake

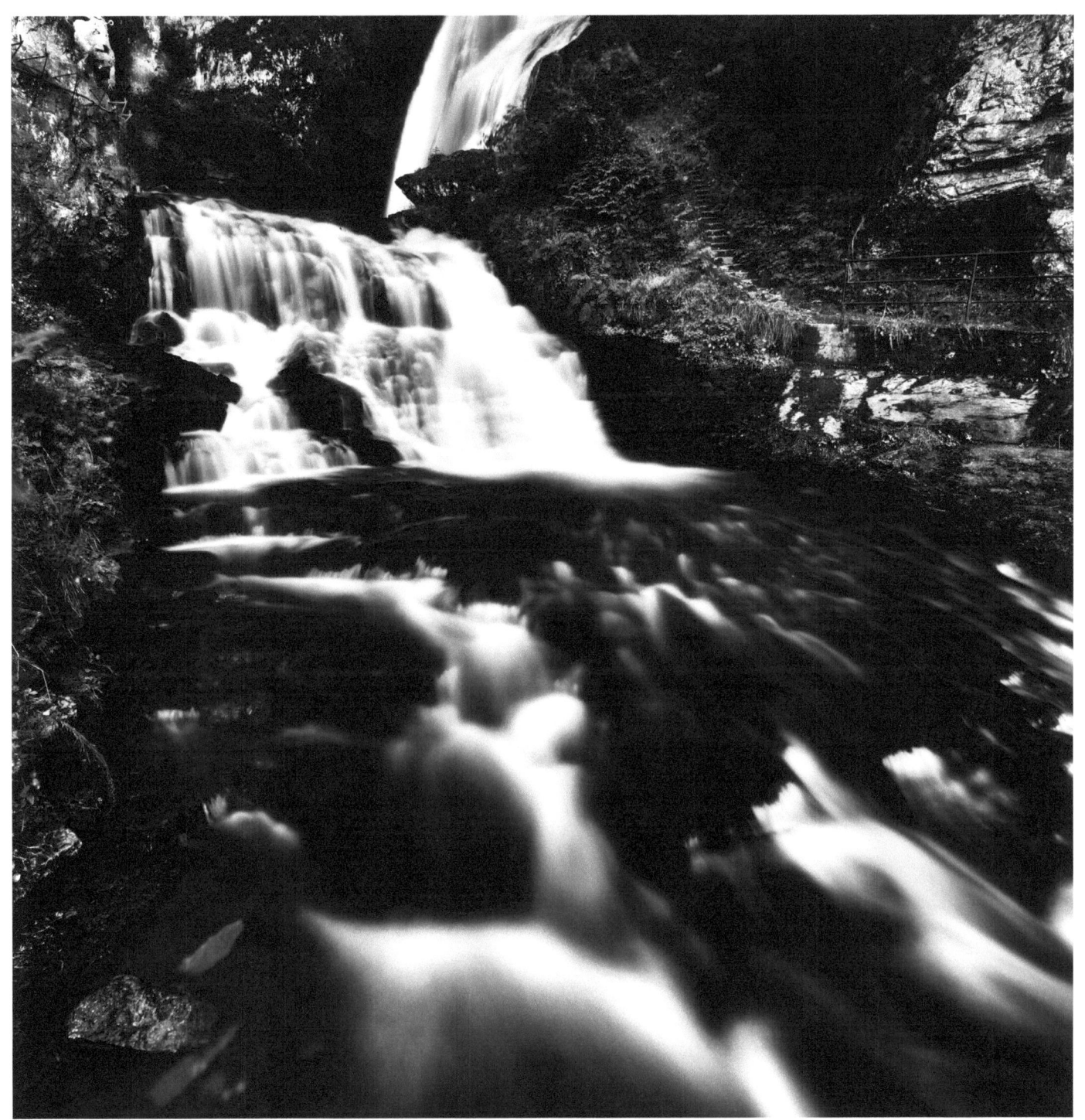

Cavalese - Avisio Torrent

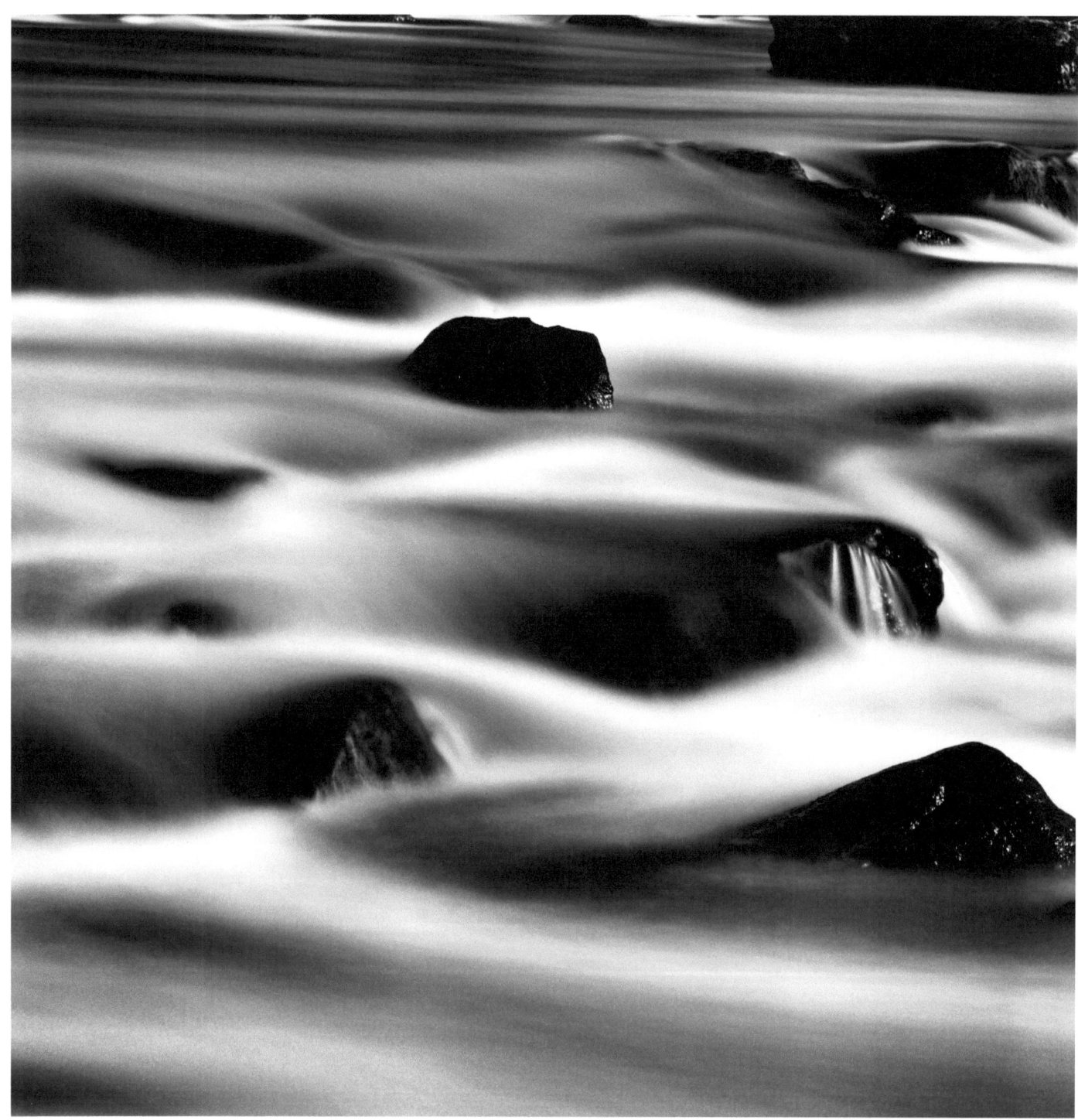

Avisio Torrent

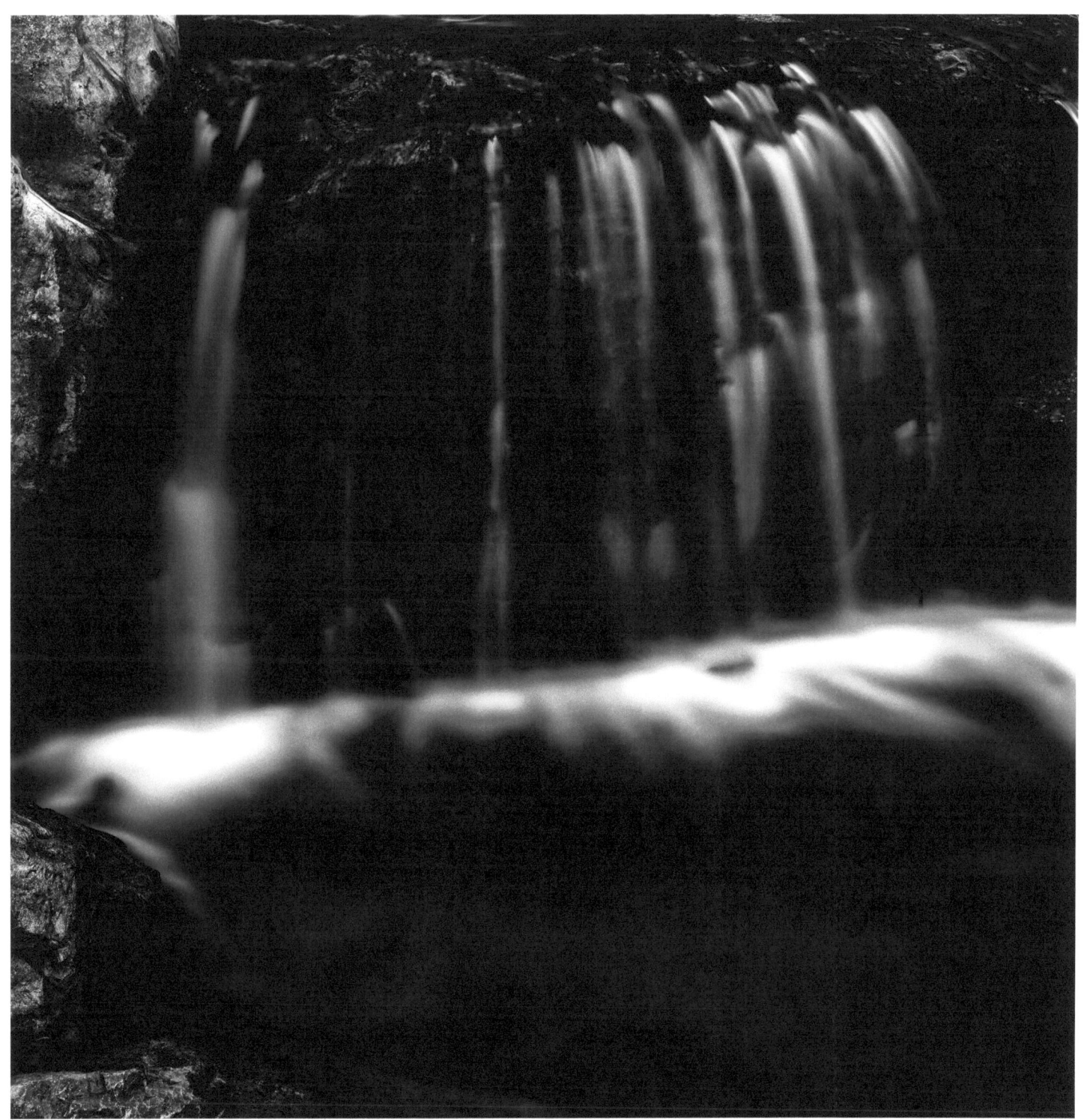

San Michele Torrent - Campione - Garda Lake

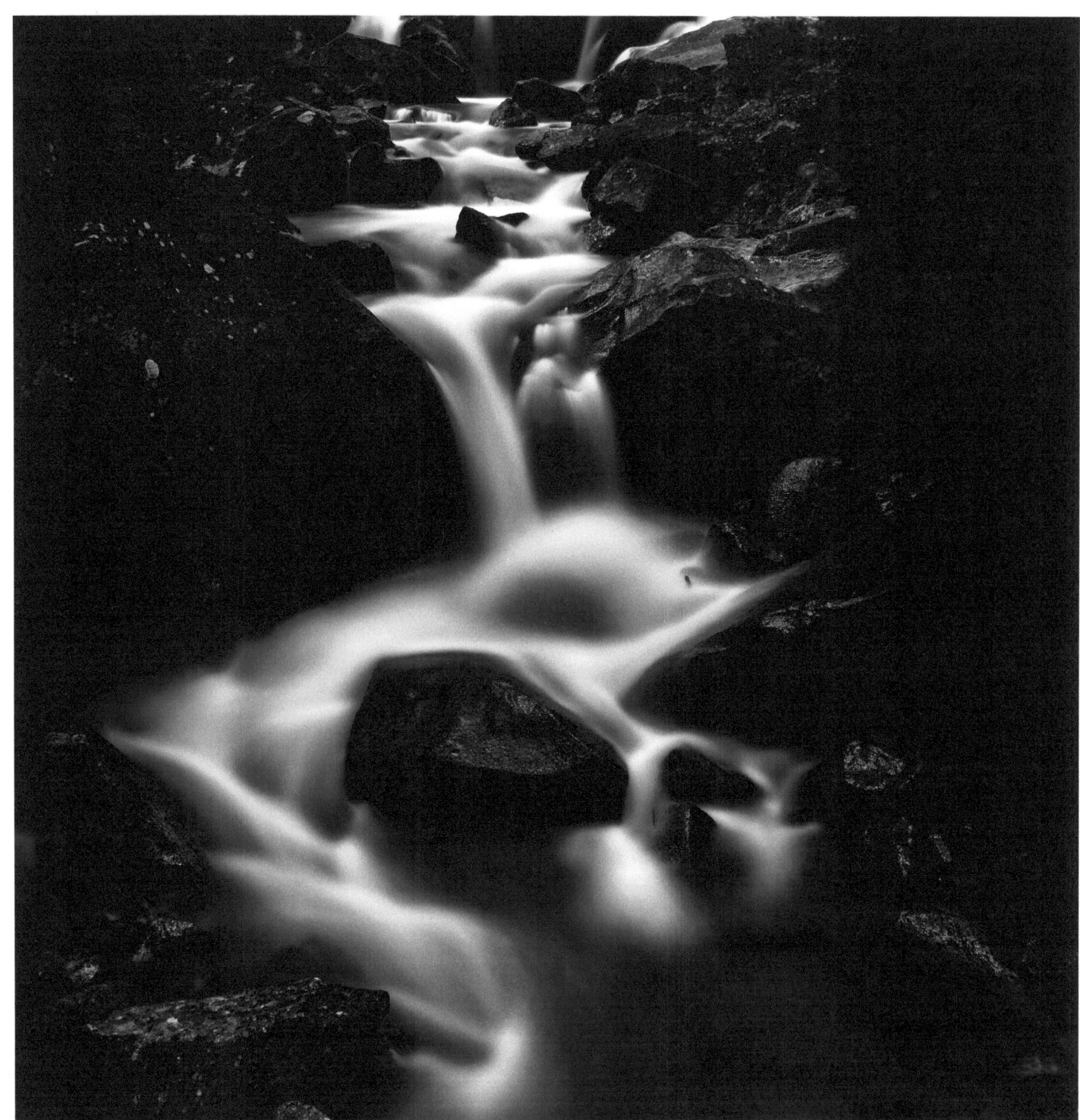

Nardis - Val Genova

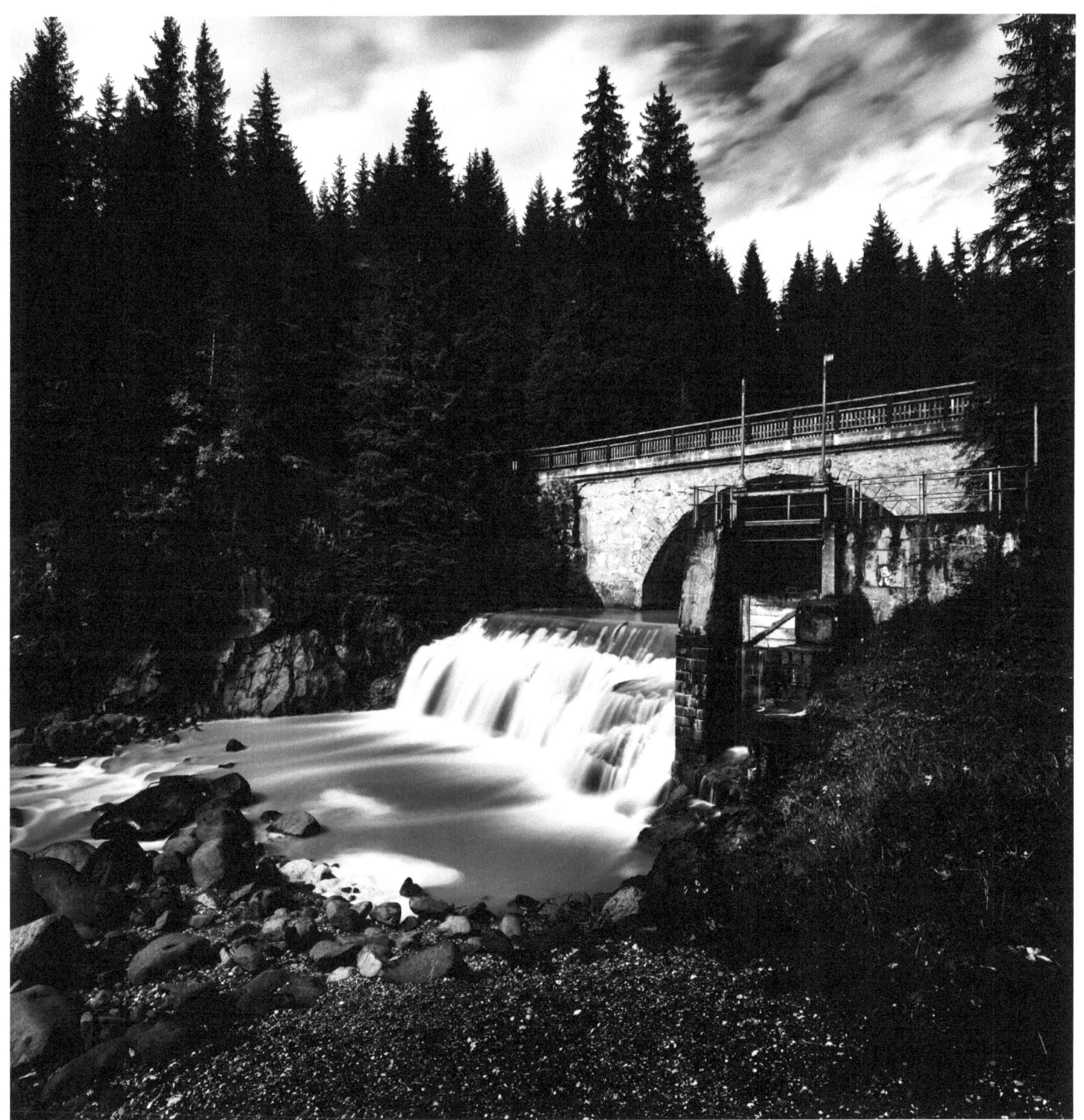

Travignolo Torrent - Paneveggio Lake

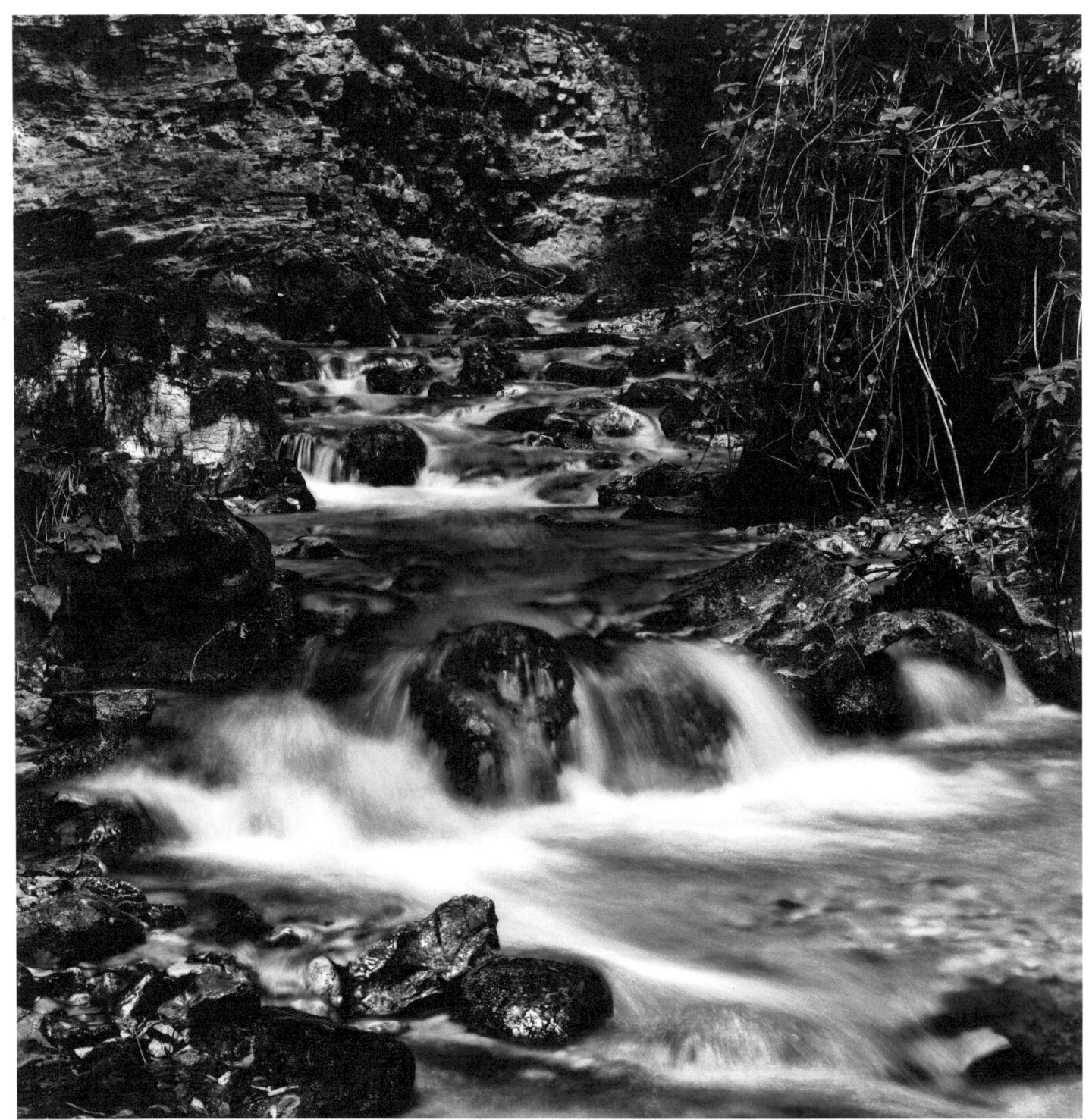

Crest of the Brasa River

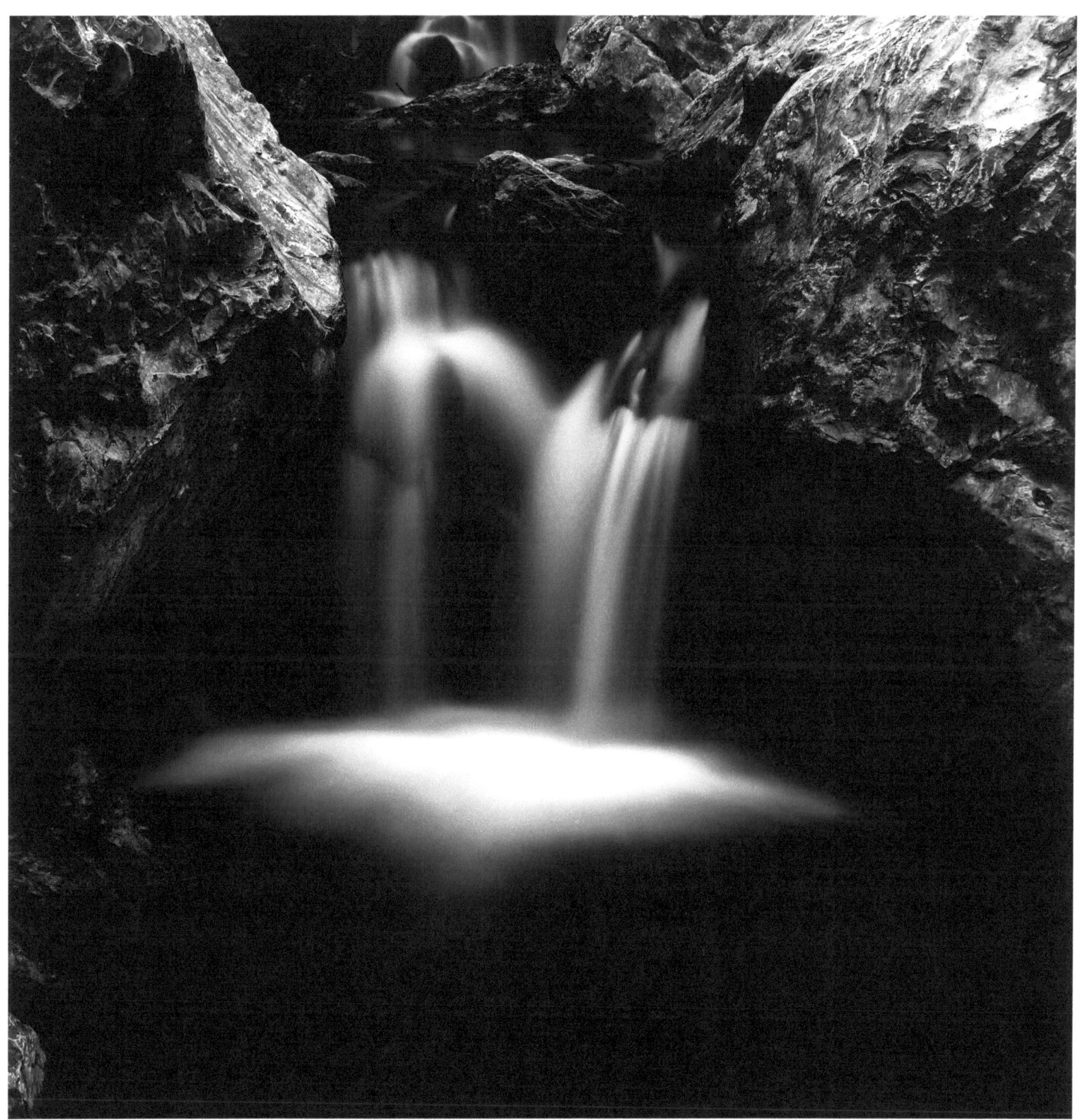

San Michele Torrent - Campione - Garda Lake

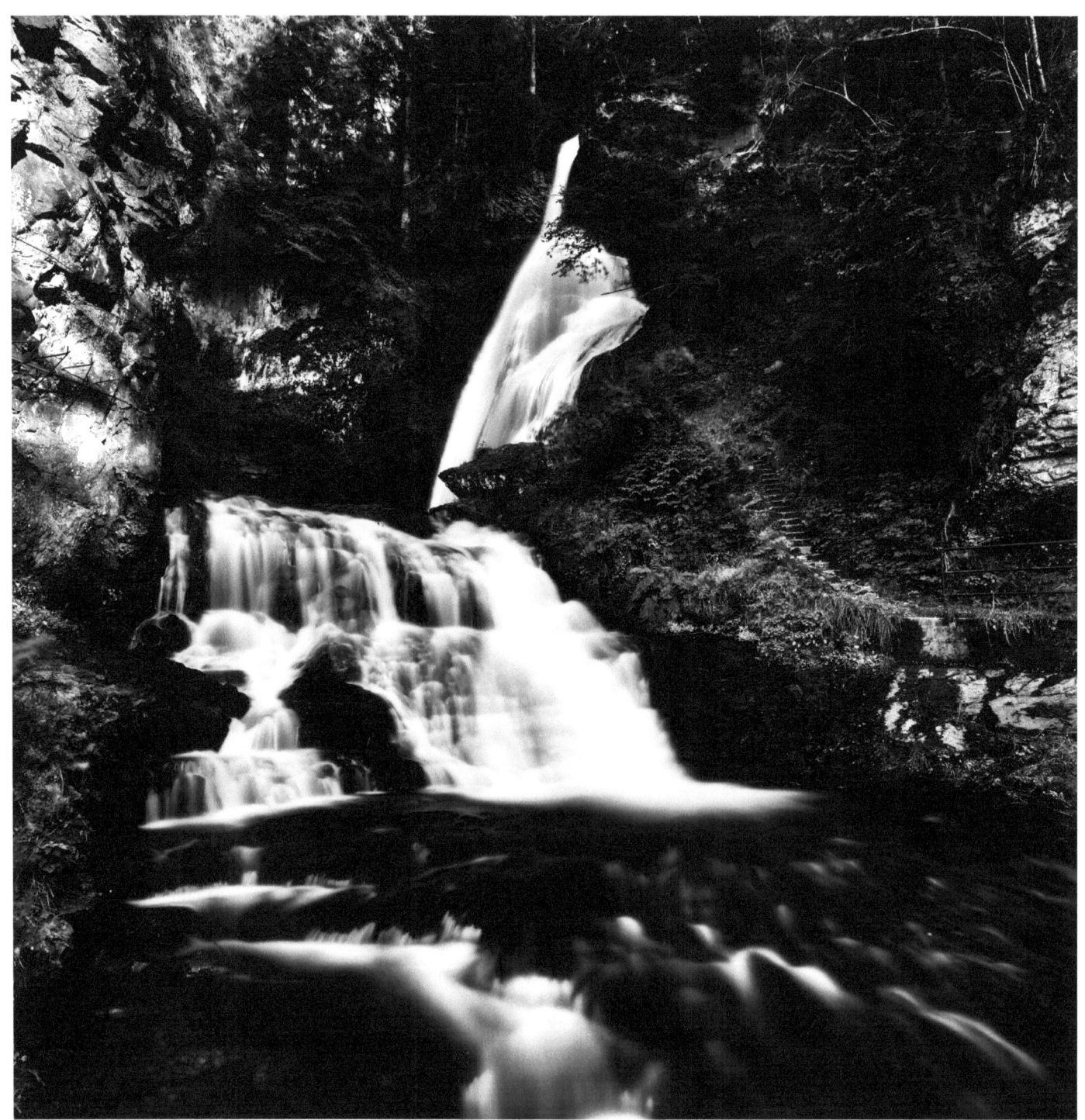

Cavalese - Avisio Torrent

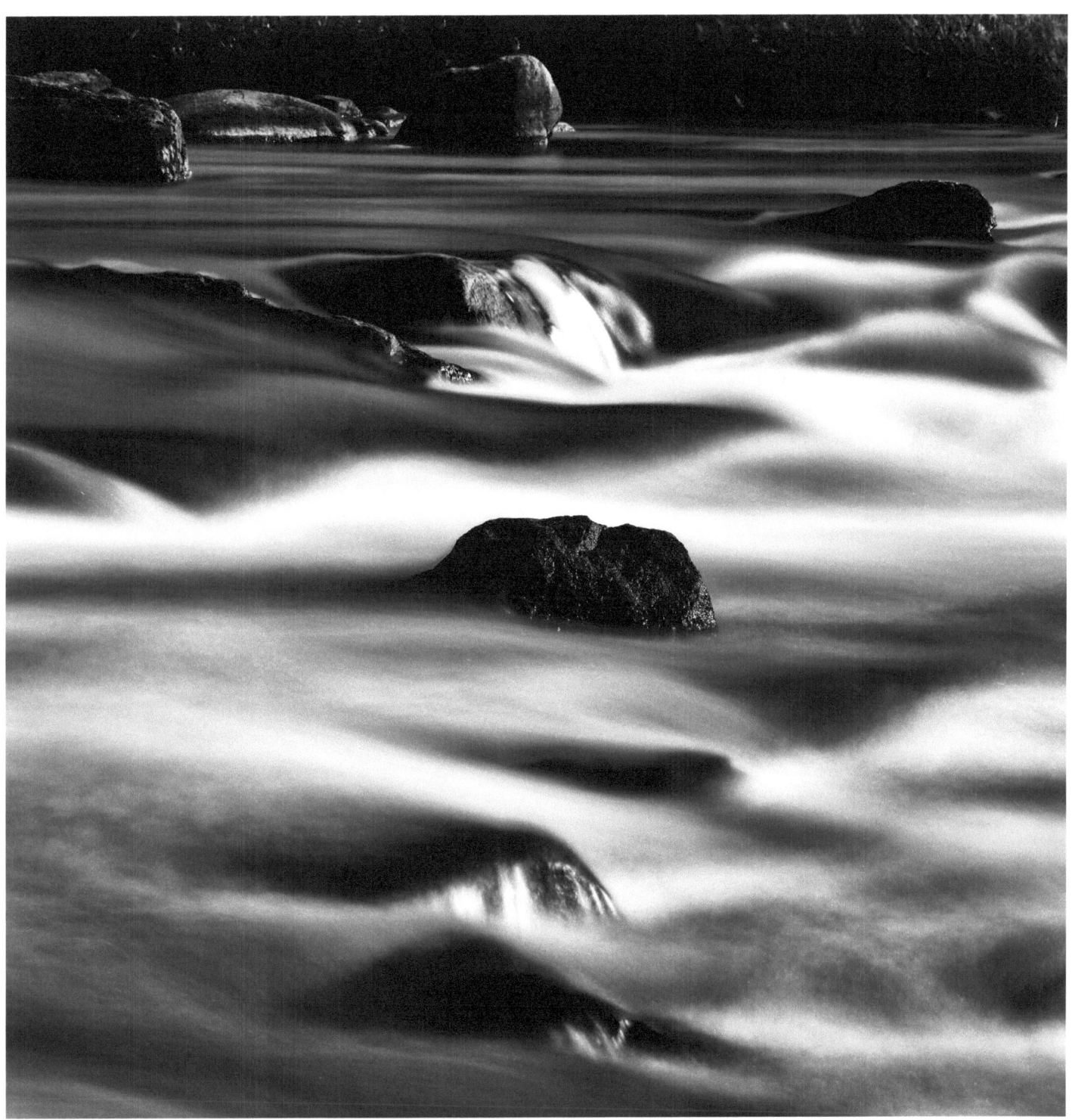

Avisio Torrent

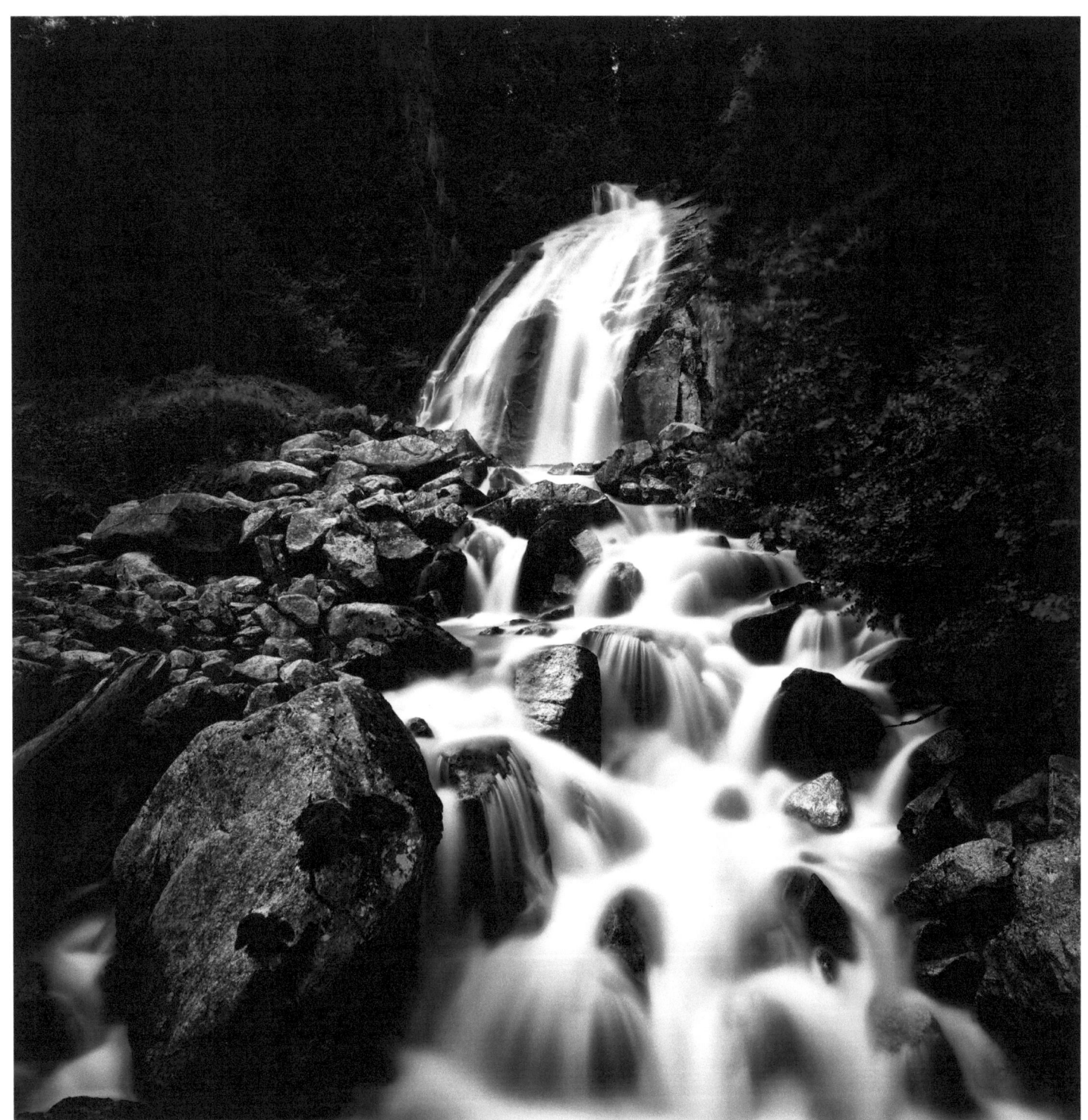

Amola - Val Nambrone

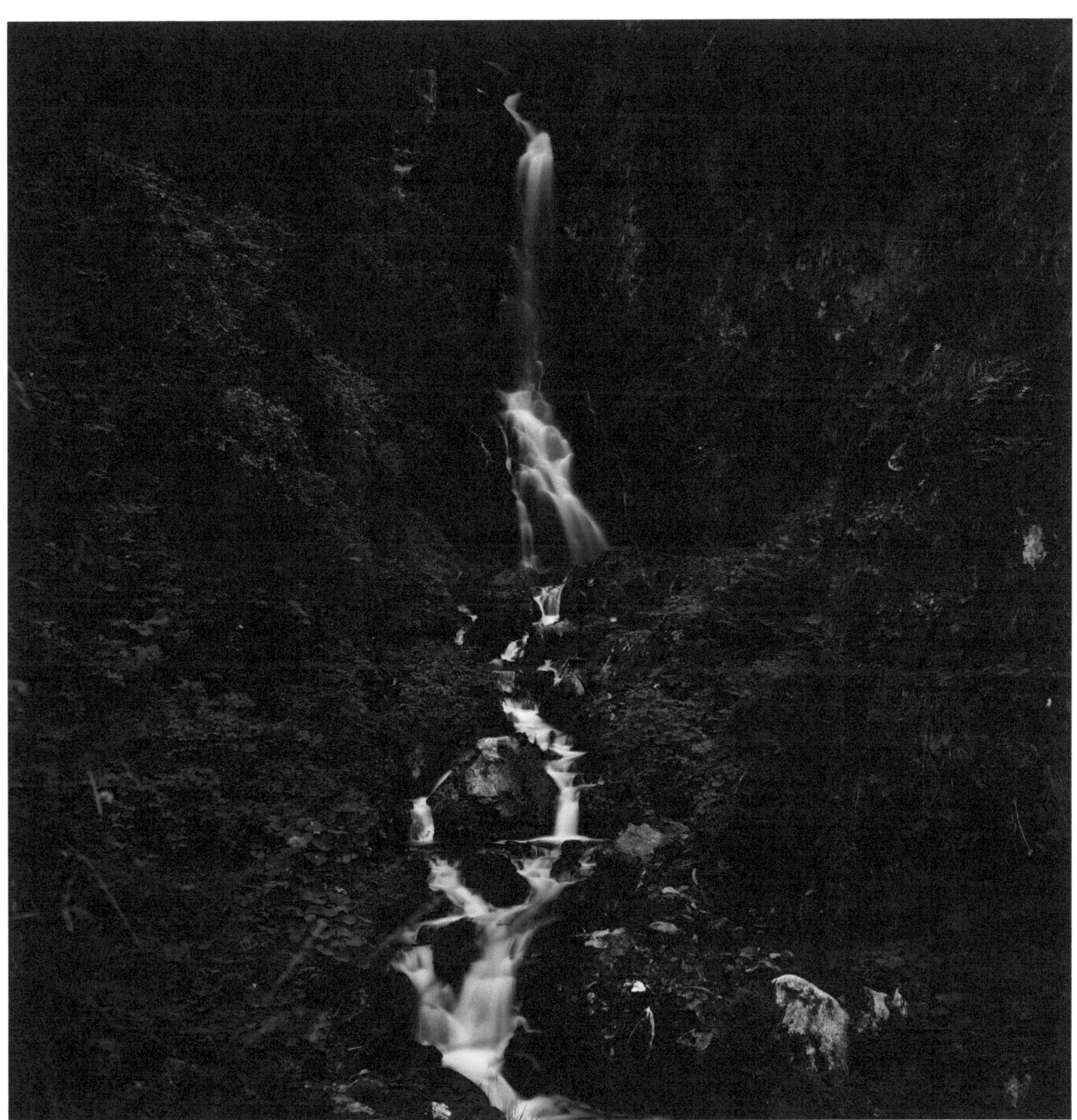

Ponte di Legno - Tonale

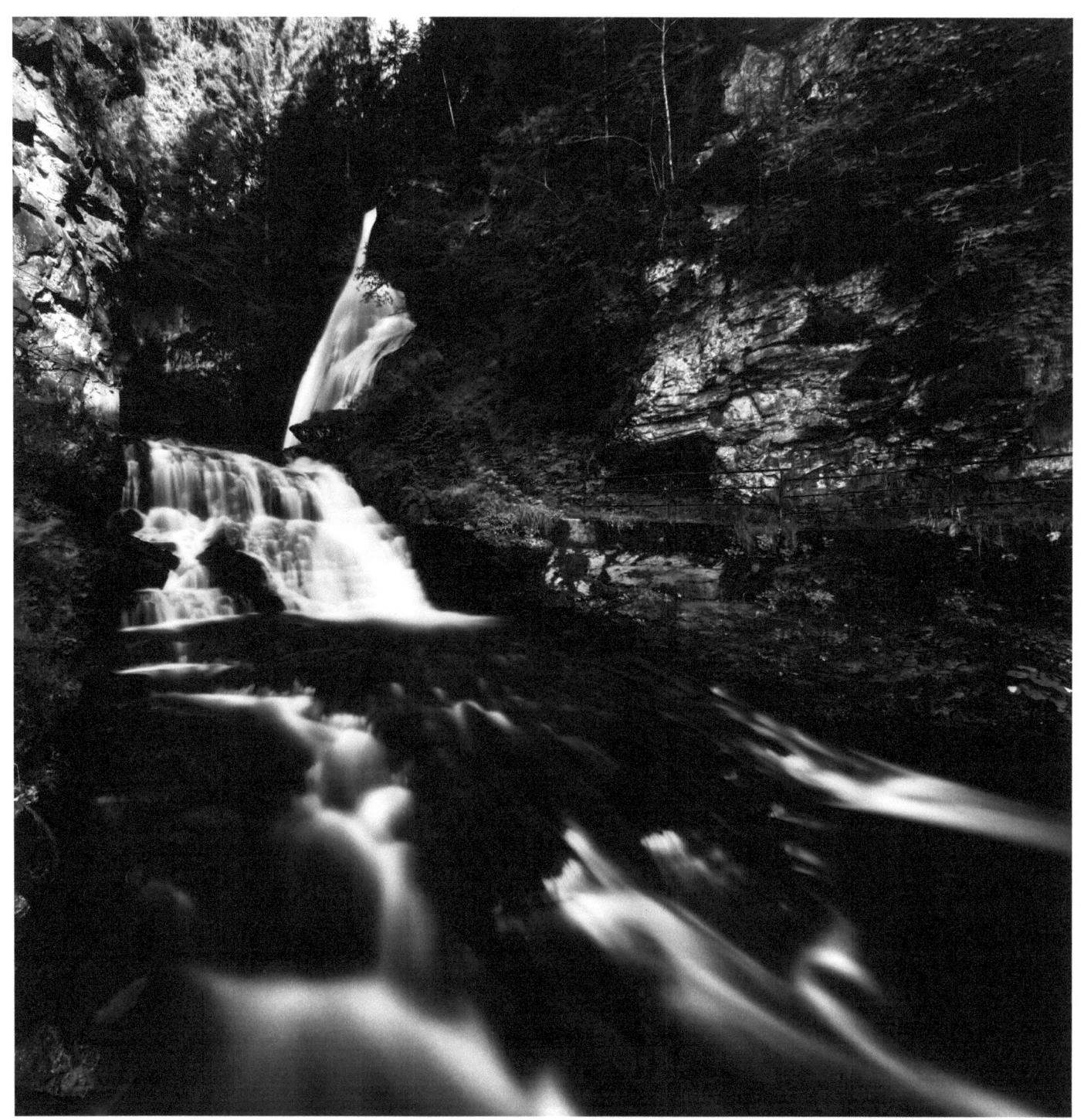

Cavalese - Avisio Torrent

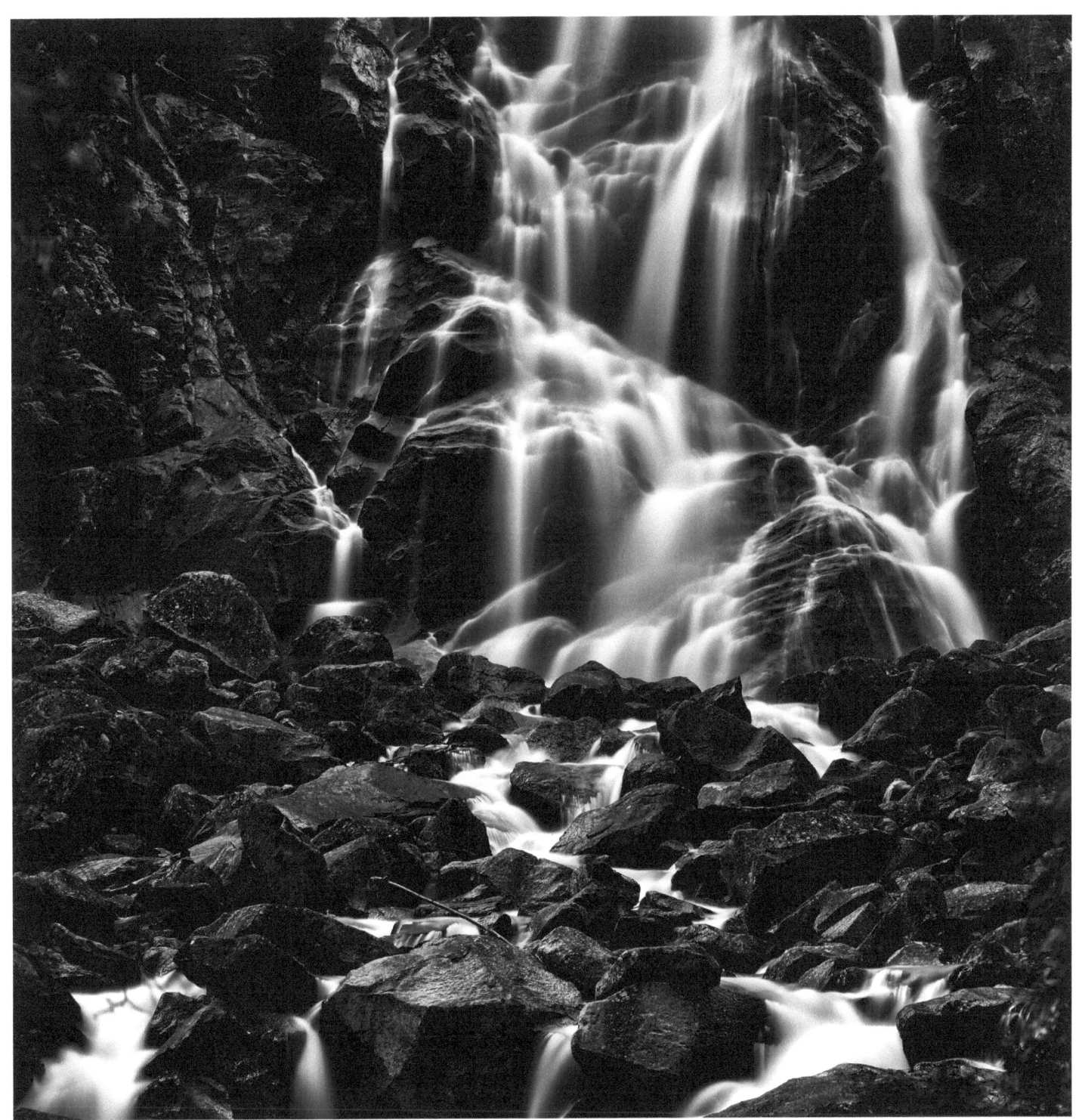

Nardis - Val Genova

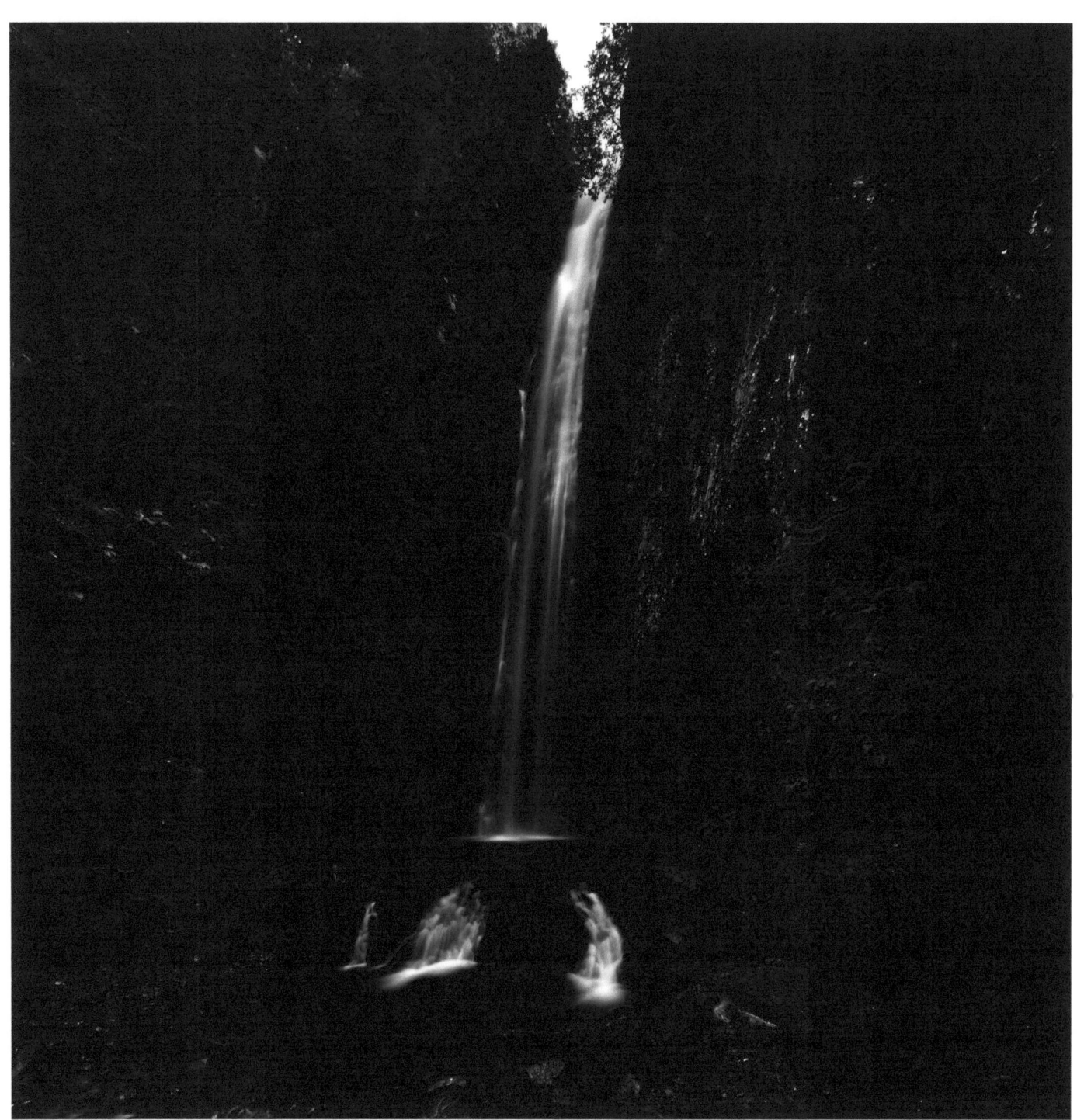

Del Lupo - Bedollo

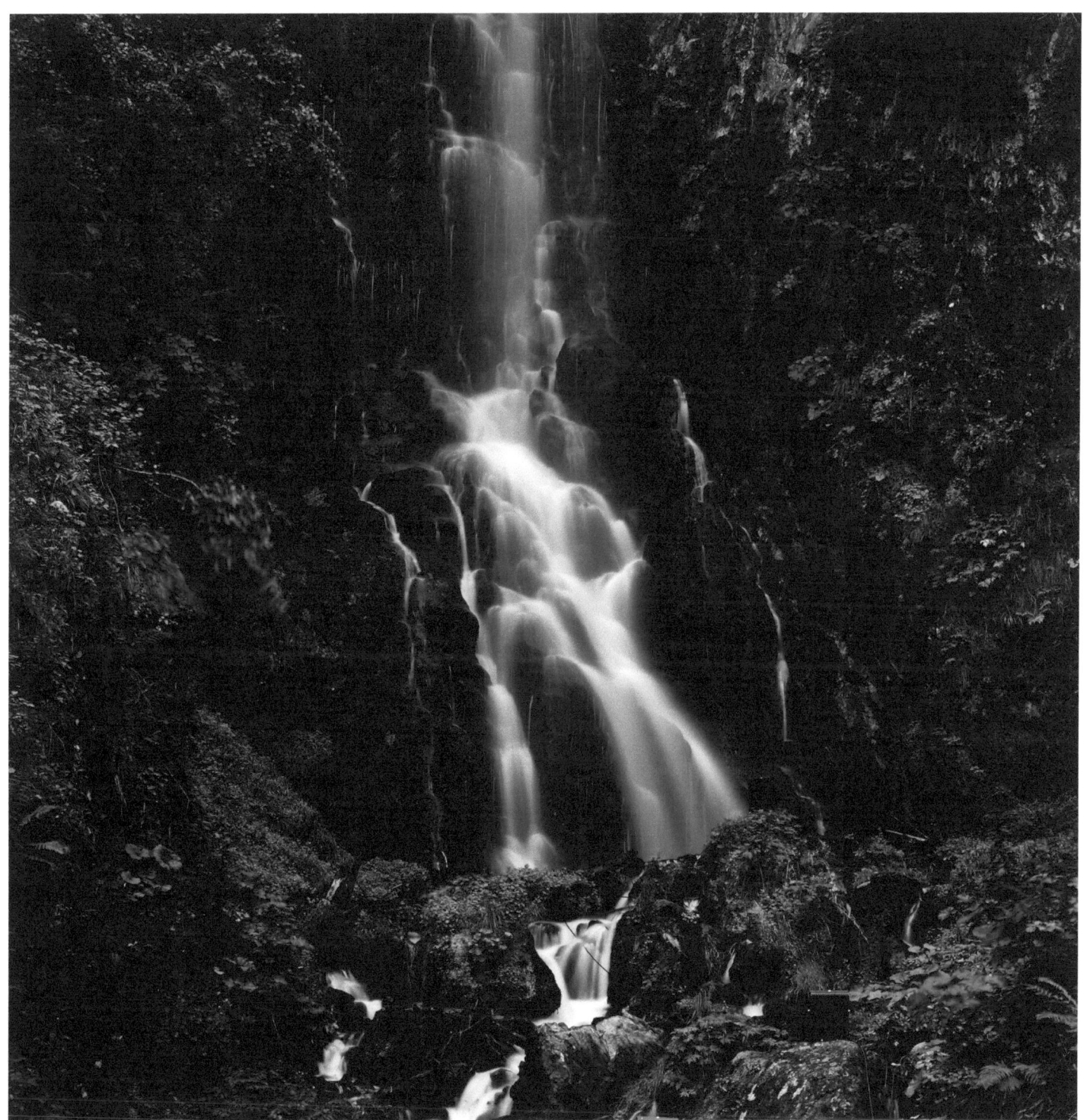

Ponte di Legno - Tonale

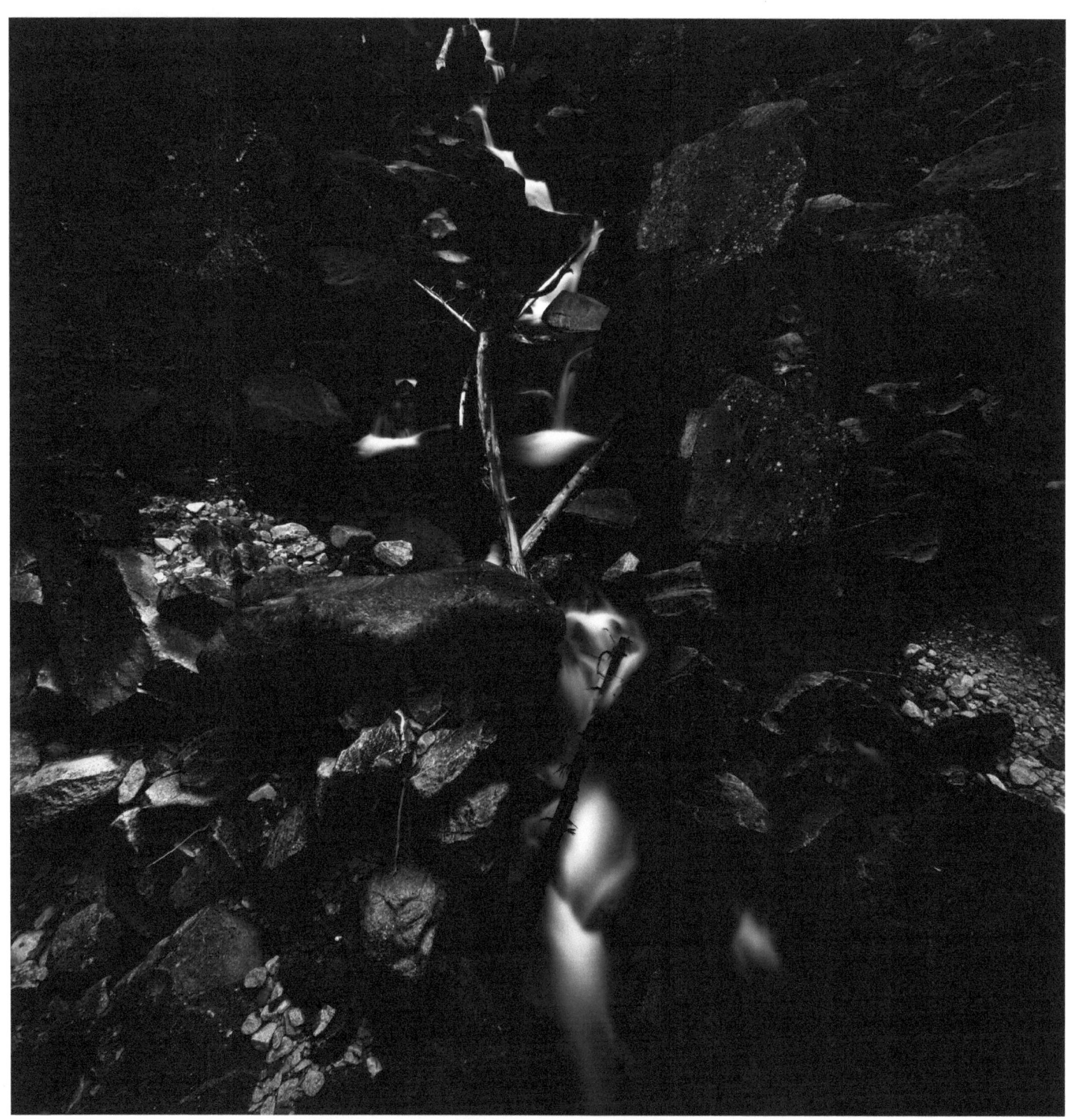

Leno Torrent - Malga Boazzo

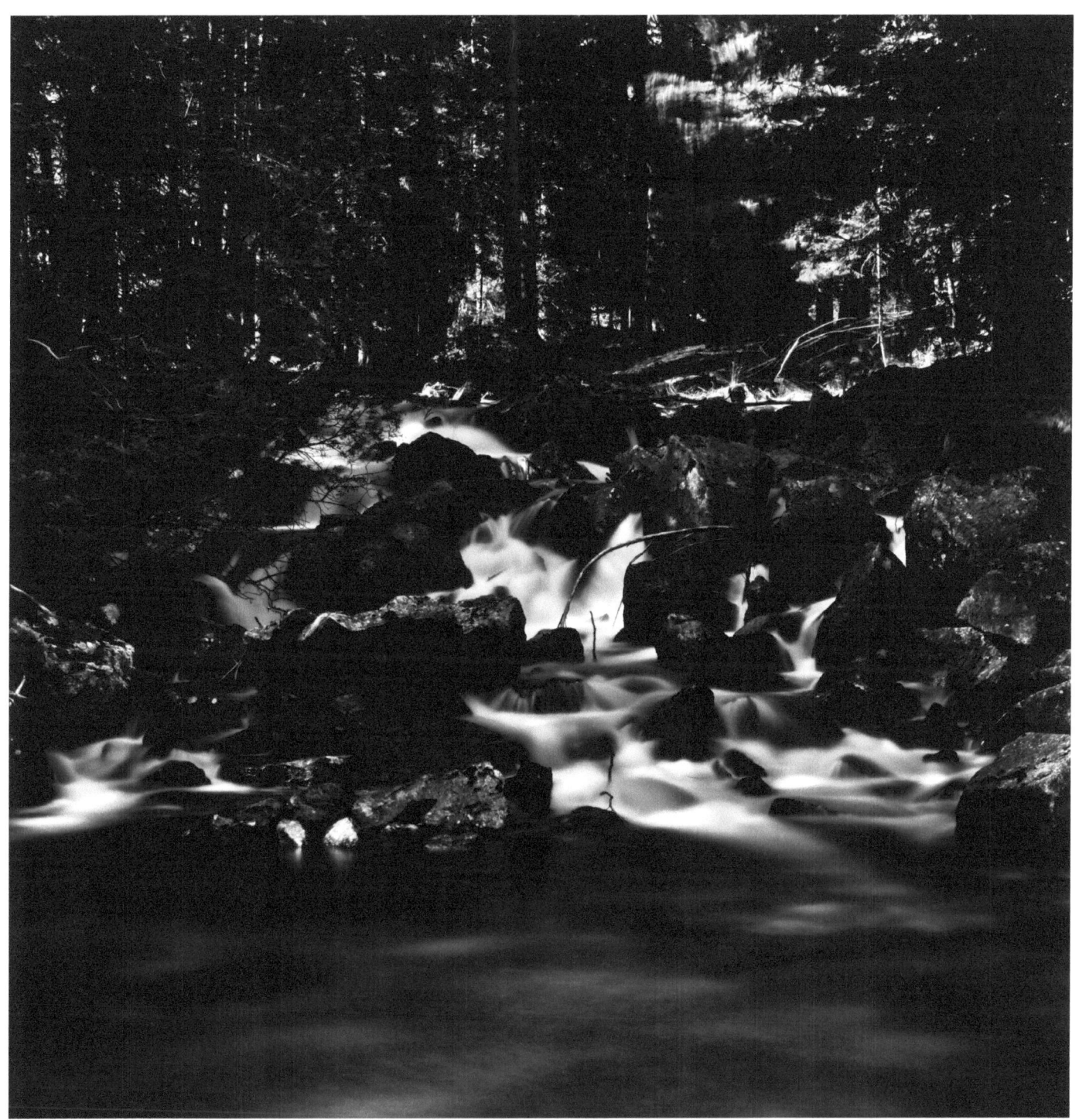

Amola - Val Nambrone

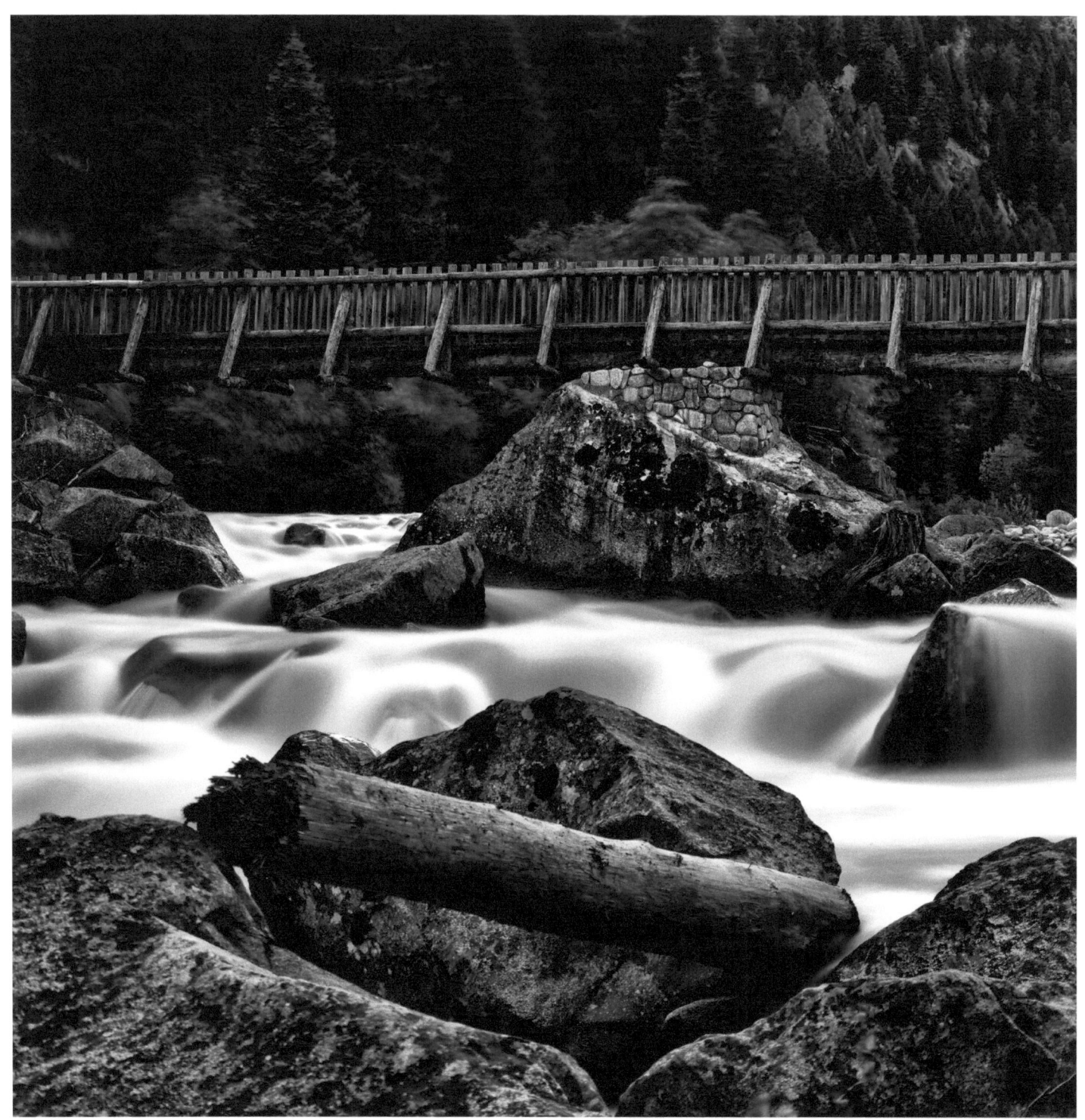

Sarca River in Val Genova

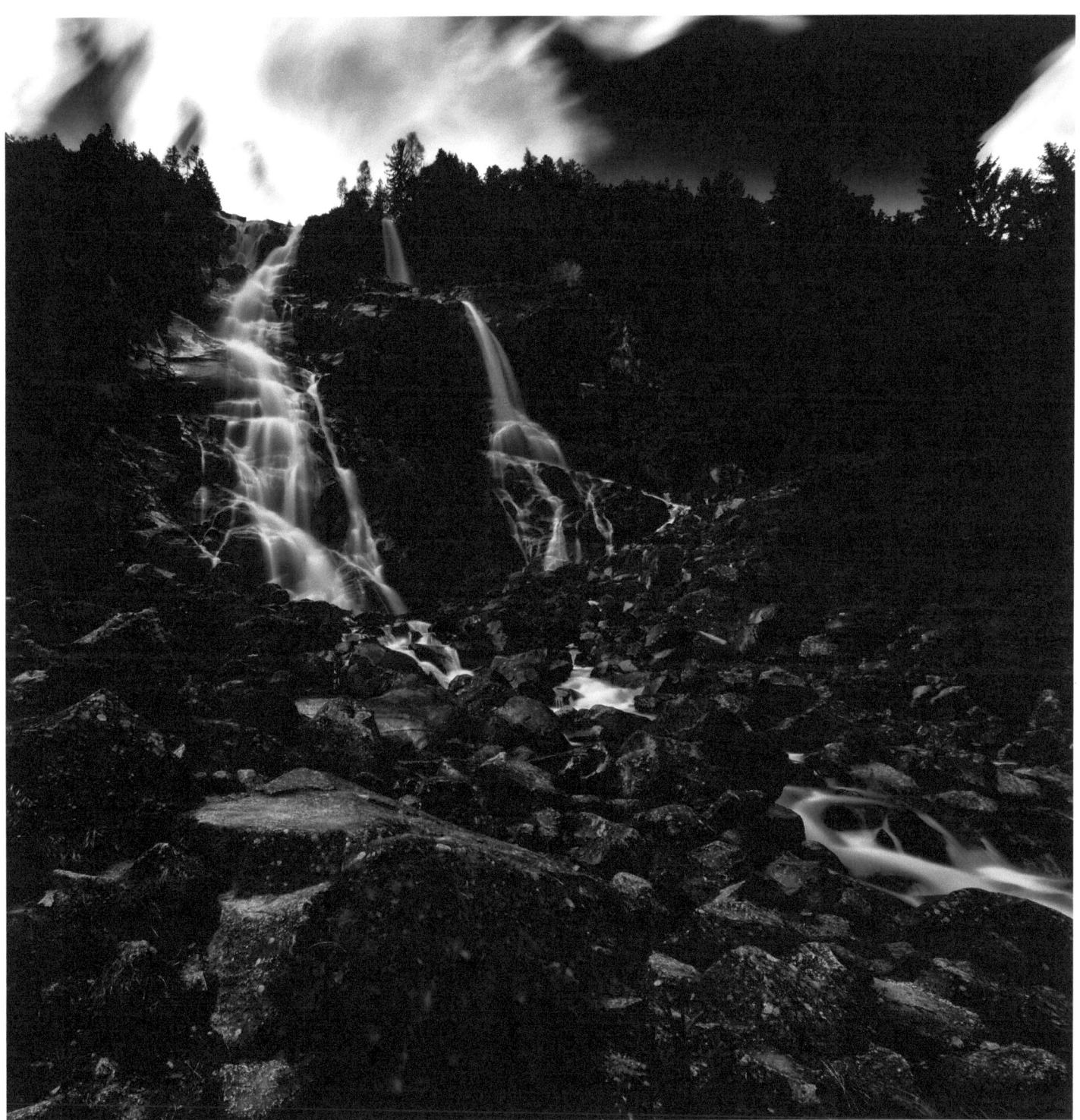

Nardis - Val Genova

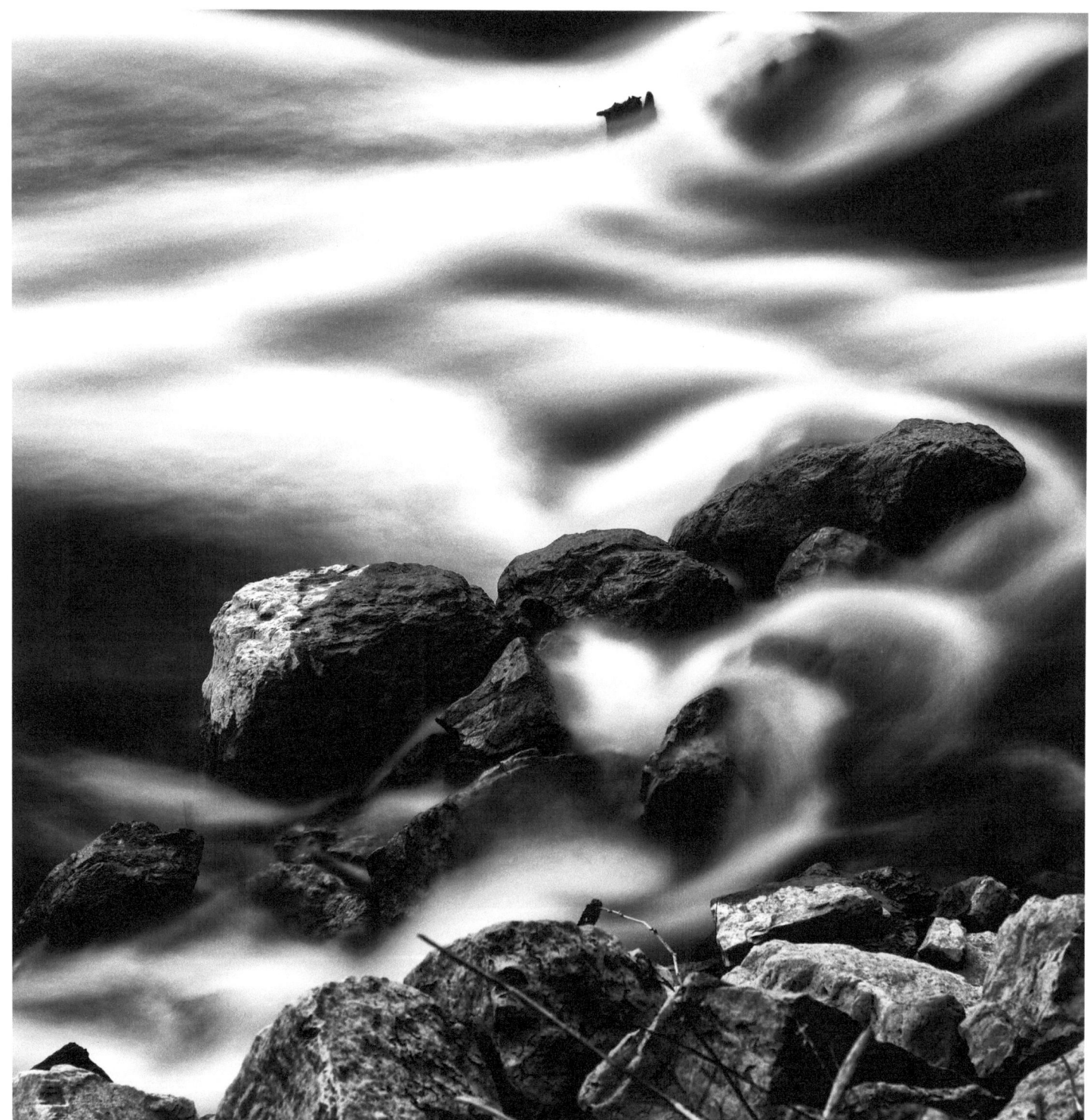

Rimone Torrent

www.ingramcontent.com/pod-product-compliance
Lightning Source LLC
Chambersburg PA
CBHW041300180526
45172CB00003B/906